Laberintos A-Ω

INTRODUCCIÓN AL CÓMO, QUÉ Y
POR QUÉ DE LOS LABERINTOS Y EL
RECORRIDO O CAMINO DE UN LA-
BERINTO

Clive Johnson

Labyrinthe Press

Derechos de Autor © por Clive Johnson.
Primera publicación: marzo de 2017.

Todos los derechos reservados. Ninguna parte de esta publicación puede reproducirse, distribuirse o transmitirse de cualquier forma o por cualquier medio, incluyendo fotocopiado, grabación u otros métodos electrónicos o físicos, sin el permiso previo y por escrito del editor, excepto en el caso de breves citas incluidas en revisiones, críticas y ciertos otros usos no comerciales permitidos por la ley de derechos de autor.

Labyrinthe Press
Leigh-on-Sea, United Kingdom
www.labyrinthepublishers.com

Diagramación ©2017 BookDesignTemplates.com
Ilustración de la portada © iStock, bmammuth/Peter-Zelei
Otras ilustraciones por © sfermin
Traducido por Eddy Mogollon
Distribuido por Ingram

Catalogación por la Biblioteca Británica
Laberintos del Alfa al Omega/Clive Johnson. –1st ed.
ISBN 978-0-9957351-2-5 (print edition)
ISBN 978-0-9957351-3-2 (electronic edition)

También disponible en inglés.

Contenido

Prólogo 1

Introducción 5

El Laberinto a través del Tiempo 11

¿Por qué el Laberinto? 27

¿Cómo Abordar el Laberinto? 55

¿Qué Sigue en Tu Viaje al Laberinto? 67

Notas y Referencias 76

Bibliografía 82

La Guía de Recursos del Laberinto 89

Prólogo

LA IDEA DE AVENTURARSE en un viaje por carretera de 10.000 millas suena raro para muchas personas, pero emprender un viaje como ese llevando un lienzo grande como equipaje puede parecer una locura, sobre todo cuando va con la idea que puede persuadir a los extraños en el camino, no sólo a abrir sus puertas y permitir que esta alfombra extrañamente pintada se extienda en sus pisos, sino también para darle la bienvenida a cualquiera que quiera caminar.

Debo confesar que he tenido muchas dudas al lanzar dicho proyecto. Por un lado, la idea llegó de repente, después de una inspiradora reunión de The Labyrinth Society, una comunidad de cientos de personas quienes aman descubrir, hacer, reunir y recorrer laberintos.

Pensaba muy poco en los desafíos que esto conllevaba, y mucho menos en el costo o el tiempo que tomaría. Pero soy un nómada por naturaleza, y me gusta pensar que sigo la dirección de mi corazón – tomando mi señal de lo que yo llamo 'El Gran Divino'.

Entonces, con muy poca planificación y el anhelo de hacer realidad este proyecto, comencé a organizar mi primera noche de estancia, respiré profundamente, y tomé cerca de $3.000 de mis ahorros para hacer un laberinto.

La pasión que me impulsó, y la que inspira al creciente número de aficionados de los laberintos que forman el núcleo de The Labyrinth Society, es algo difícil de decir.

Los laberintos tienen un atractivo mágico – recorrer uno no es sólo dar un paso tranquilo, como cuando pasea un perro. Todas las emociones pueden salir a la superficie al caminar el sendero del laberinto – junto con ideas frescas, reflexiones significativas, e inspiraciones para las decisiones que podrías tomar cuando salga de nuevo.

El laberinto es un arquetipo antiguo, un secreto conocido por nuestros antepasados durante muchos siglos. Caminarlo no requiere ninguna capacitación o experiencia previa. Jóvenes y viejos (y de todas las edades); ricos y pobres; hispanos, nativos americanos y anglosajones; judíos, musulmanes, cristianos e hindúes; sanos y con impedimentos físicos; ateos y agnósticos; gente de la ciudad y del pueblo – el laberinto invita a cualquiera, y a todos, a recorrer su camino, sin juicios, y tratando a cada uno como un igual.

"Ninguna otra herramienta puede alinear, con éxito, tantos aspectos de nuestro ser y enseñarnos tan claramente que todos estamos en el mismo camino", afirma Helen Curry, ex presidenta de The Labyrinth Society [1]. "No hay otra cosa que parezca hablar tan eficientemente a personas de diferentes religiones y orígenes culturales".

Quizás esta es una de las razones por las que recorrer laberintos se haya popularizado tanto en los últimos años – aunque la caminata de cada persona es única y en su propio tiempo y forma, el laberinto está aceptando y abrazándolos a todos.

El hecho de *abrazar* la hermosa diversidad de la humanidad es una de las razones por las que me siento atraído, pero también por que trasciende cualquier afiliación a una religión particular u otro tipo de creencias. Es verdaderamente interreligioso en su ofrecimiento, e igualmente acogedor para las personas sin fe o con un punto de vista particular sobre los asuntos 'espirituales'.

En este corto libro, relataré brevemente sobre por qué creo que el laberinto tiene ese poder. Daremos un breve recorrido por nosotros mismos – deteniéndonos en varios lugares y épocas de la historia para ver cómo los laberintos han sido utilizados por diferentes culturas, antes de regresar al día de hoy, para intentar dar sentido a su relevancia actual.

Consideraremos cómo se han utilizado para ayudar a las personas a enfrentar diferentes situaciones en sus vidas – incluyendo la sanación, reconciliación y acercamiento de las comunidades. Estos usos encajarán perfectamente en un reflejo sobre por qué los laberintos tienen dicho atractivo para tantas personas.

Exploraremos lo que podríamos esperar experimentar al empezar a recorrerlo, y ofreceremos algunas reflexiones sobre cómo es posible que desees abordar un laberinto antes de caminarlo.

Para esto, terminaremos nuestro recorrido viendo algunas de las opciones disponibles para descubrir más y encontrar oportunidades para experimentar el laberinto en tu localidad y en otros lugares – ya sea en grupo o en la comunidad, o en privado, a tu propio ritmo.

La sección final del libro ofrece un directorio de libros, publicaciones, podcasts, sitios web y videos para ayudarte a explorar y disfrutar de los laberintos – incluyendo la posibilidad de traer uno a tu casa, organización o comunidad.

Introducción

RECORRÍ POR PRIMERA VEZ un laberinto hace apenas diez años. Me atrajo un anuncio clasificado en las últimas páginas de una revista de eventos, invitando a los recién llegados a un paseo en laberinto a la luz de las velas que se llevaba a cabo en una iglesia cerca de donde yo vivía.

El hecho de que este paseo particular se llevara a cabo en una iglesia no es muy significante – como descubrí más tarde cuando me convertí en un caminante regular, junto con otros que habían descubierto el laberinto esa y otras noches, muchos de los cuales se consideraban a sí mismos cualquier cosa, a excepción de religiosos. Pero la impresionante arquitectura gótica de esta alta iglesia parroquial en un barrio residencial de Brighton y Hove, en la costa sur de Inglaterra, combinada con una iluminación sutil y música en directo, si me impresionó.

La amplia nave de la iglesia había sido despejada de sus sillas para hacer espacio para la gran lona sobre la que estaba pintado el laberinto. 112 velas parpadeaban alrededor del límite del laberinto, propiamente dicho, cuyo camino yacía en el lienzo en un calmante azul real. Esta gigante creación reproducía el patrón y las medidas del famoso laberinto que se puede encontrar en la Catedral de Chartres en Francia.

Fue inspirado en un laberinto de lienzo similar que solía ser presentado regularmente en la Catedral de Grace en San Francisco – uno de los primeros ejemplos de un laberinto portable en un espacio público moderno. El laberinto de lienzos de la Catedral de Grace ha sido reemplazado por uno permanente, ubicado en el piso de la catedral, como testimonio de la popularidad del original.

Mi camino fue presentado por un gentil caballero con una sonrisa radiante y un aura paternal (que se ha convertido desde entonces en un muy buen amigo). El facilitador del evento dio un breve resumen de la historia de los laberintos, antes de ofrecer algunas pautas para recorrerlos. Después de atenuar las luces, nuestro anfitrión señaló la apertura del laberinto, al cepillar los címbalos de un carillón tibetano, y luego uno por uno – sin prisa – nos adelantamos para tomar un lugar en la entrada de la amplia lona.

Aposté mi tiempo, esperando unos veinte minutos o más antes de sentirme listo para comenzar mi caminata. Desde entonces he descubierto que este sentido de querer saber cuándo hacer un movimiento suele reproducirse en mí – a veces siento un impulso de moverme a un ritmo, en otros de moverme muy lentamente, si es que lo hago.

Al dar mi primer paso en el camino del laberinto, me sentí como si pisara un umbral. Una vez en el camino, sentí que estaba apartado de lo que podría estar pasando afuera – mis preocupaciones se limitaban a caminar y respirar, sabiendo que no se esperaba nada más de mí.

Esta idea de estar en un espacio diferente dentro del laberinto es enfatizada por el erudito de los laberintos Hermann Kern, quien afirma: "Lo importante es que la línea externa [del laberinto] separe claramente el exterior del espacio interior" [2]. Este espacio interior es un lugar donde podemos conectarnos con nuestras vidas internas.

Ahora no recuerdo mucho sobre ese primer recorrido. Sé que eventualmente llegué al centro – no hubiese importado si no hubiese llegado – y que pasé un poco de tiempo allí agachado en el lienzo mientras otros me rodeaban. Había mucha gente caminando ese día, algunos caminando a mi alrededor durante mi caminata, otros viniendo hacia mí desde la dirección opuesta, y otros más en mi visión periférica que iba y venía, al aparecer y desaparecer en sus viajes a lo largo del camino.

Cuando terminé de caminar, volví a mi asiento y tuve tiempo para procesar la experiencia que acababa de disfrutar. Me sentí en paz, elevado, y muy cómodo con el lugar al que había llegado. Puede que haya anotado algunos pensamientos que había tenido durante mi caminata – no puedo recordarlo ahora, pero esto no habría sido inusual (no es mala idea tener papel a mano al caminar un laberinto, ya que pueden haber destellos de inspiración o nuevas ideas, como pasa a menudo).

Sé que no quería hacer de esto una experiencia aislada. Afortunadamente para mí, la iglesia organizó una caminata regular en el desayuno, aunque con un laberinto más pequeño. Me habitué a estos paseos temprano, y pronto formé amistades con compañeros caminantes que se unieron a mí para tomar café y croissants después de nuestra caminata. Algunos de vez en cuando extendíamos nuestra práctica, dando un paseo muy lento y meditando hacia la playa, que estaba a pocas cuadras al sur de la iglesia.

Hice un viaje a Chartres algunos años después. Aquí, en épocas específicas, todavía se pueden recorrer unas 270 o más piedras que marcan el camino del laberinto en el suelo de la catedral. Al hacerlo, es humilde considerar los innumerables visitantes que han pisado este mismo camino desde el siglo XIII d.C.

CAPÍTULO 1

El Laberinto a través del Tiempo

EL LABERINTO EN CHARTRES es particularmente popular, quizás porque la catedral fue, durante muchos siglos, un importante destino para los peregrinos. Los visitantes eran quienes no podían viajar a Jerusalén; este ofrece un enfoque simbólico para una peregrinación.

Se dice que muchos incluso caminaron por los fríos azulejos de piedra de rodillas, a menudo tras largos y arduos viajes para llegar a la sagrada ciudad, con su imponente catedral que asoma a la vista muchos kilómetros antes de llegar a su destino. Para un peregrino, llegar al centro del laberinto en una gran catedral era como llegar a la Nueva Jerusalén.

El diseño del laberinto de Chartres es sorprendentemente hermoso. En el patrón se encuentran 112 lunaciones, o diseños ornamentales, que marcan el borde exterior del laberinto. Con una simetría casi perfecta, el laberinto es un testimonio de la grandeza y la obra maestra de esta excepcional catedral, al igual que las muchas vidrieras que brillan en su gran espacio, incluyendo excepcionales rosáceas que bañan los transeptos norte y sur y las esculturas intrincadamente elaboradas que adornan su exterior.

Se dice a menudo que el gran rosetón en el extremo occidental de la nave se trasladaría exactamente sobre el plano del laberinto si pudiera apalancarse desde su plano vertical sobre el piso de la catedral, sin embargo el eminente investigador del laberinto Jeff Saward ha rechazado esta teoría [3]. Sin embargo, los misterios sobre el significado del diseño del laberinto continúan involucrando a estudiosos, algunos especulando que una vez pudo haber proporcionado un espacio para jugar un juego de pelota, otros sugiriendo que pudo haber servido como un calendario.

Hay otros ejemplos notables de geometría sagrada en este espacio, pero pocos son tan elegantes como el laberinto [4]. Chartres es una de muchas catedrales, abadías e iglesias prominentes de la época medieval en Europa que sobreviven y son hogar de un laberinto. Otros ejemplos incluyen los laberintos de Amiens, Poitiers y Saint-Quentin (se sabe que han existido otros, pero han sido destruidos).

La Catedral de Chartres, hogar del laberinto más conocido de la época medieval

En otros lugares de Europa, se pueden encontrar laberintos en ambientes alternativos y, por lo que sabemos, se usaban con diferentes propósitos.

Alrededor de la costa de Escandinavia y al norte de Alemania, por ejemplo, se han encontrado hasta 600 laberintos marcados en piedra en los asentamientos que se han conocido como 'Troy Towns', ya que estas estructuras modelan estrechamente los patrones de laberintos hallados en Creta en las que los hombres representarían la batalla de Troya.

Las excavaciones en Escandinavia siguen un patrón similar, aunque alternativo al diseño clásico. La variante escandinava es comúnmente conocida como el estilo de la 'Rueda Báltica'. Su proximidad a la costa sugiere que eran lugares de reunión importantes para los pescadores.

Se especula que los hombres de las aldeas se reunirían en el laberinto para orar o realizar un ritual antes de lanzarse al mar. Las oraciones serían ofrecidas para su protección, y pedirían a su dios atrapar un buen botín. Tal vez algunos de los hombres hayan caminado por el laberinto antes de meterse en aguas peligrosas. Sólo podemos imaginar los pensamientos que podrían haber estado recorriendo sus mentes, y las cargas de sus corazones.

Al otro lado del continente, en las islas y territorios donde los griegos tenían el poder, hay otros ejemplos de laberintos, reales o escritos, sobre o pintados en cerámica. Sin duda, el más famoso de estos es el laberinto en el Palacio de Knossos, en la isla de Creta (aunque este es un laberinto que puede ser popular por la mitología, sin embargo, aún no ha sido confirmado con evidencia física).

Classical   *Medieval*   *Baltic*

Laberintos de estilo clásico, medieval y báltico

Como sabrás, un famoso cuento de la mitología griega relata la historia del Teseo ateniense, que con la ayuda de una espada y una bola de hilo que le regaló la amada hija del rey cretense Minos, Ariadna, logra superar a un temible monstruo que está atrapado en el centro de un laberinto supuestamente ineludible. Depois de derrotar o Minotauro, Teseu recua, seguindo o caminho que foi desvendado em sua jornada, amarrado na entrada do labirinto. El par huye a la isla de Naxos, dejando a Minos furioso, y jurando castigar al creador del laberinto.

Este laberinto fue diseñado por Dédalo, un ingenioso inventor, para retener al Minotauro, que Minos se avergonzaba de presentar como su hijo. Cada año, siete hombres jóvenes y siete mujeres jóvenes eran enviados desde el continente como una ofrenda para satisfacer el insaciable apetito del Minotauro. Después de que Teseo resolvió el enigma del laberinto y dominó al Minotauro, Dédalo huyó del reino de Minos, pero el furioso rey lo desterró a una torre inexpugnable como un castigo por su supuesta ayuda a Teseo. Lo encontramos nuevamente en la historia de su hijo Ícaro, famoso por volar muy cerca del sol, causando el derretimiento del sello de cera en las alas que su padre había hecho para él como un medio para escapar de su encarcelamiento en la torre.

El 'laberinto' de Dédalo puede ser lo que ahora llamamos un 'entramado'. Puede haber incluido muchos callejones sin salida y encrucijadas, diseñados para mantener al Minotauro seguro en su centro, así como para atrapar a cualquiera que se atreviera a vagar. Sin embargo, Teseo encontró el único camino verdadero – el laberinto – que no se expone para asegurar o engañar a los que pisan su camino. Los laberintos modernos incorporan el mismo principio – para los que saben su secreto, hay un camino sin complicaciones al centro.

De hecho, la primera mención de la palabra 'maze' no apareció en el idioma inglés hasta el siglo XIV, posiblemente acuñada por Geoffrey Chaucer. Antes de eso, cualquier camino confinado marcado para un propósito ceremonial pudo haber sido conocido como labyrinth, o bien sus equivalentes franceses o latinos, *labyrinthe* o *labyrinthum*.

El concepto de un laberinto de rompecabezas – o una estructura que deliberadamente tiene como fin divertir y desafiar con sus numerosos callejones sin salida – no aparece hasta el período isabelino, aunque se sabe que varias civilizaciones han utilizado laberintos para atrapar o confundir a un visitante involuntario.

Por ejemplo, la historia de Abhimanyu, hijo del gran guerrero hindú Arjuna en la épica *Mahabharata*, cuenta cómo se enseña al joven a abrirse camino en el campo de batalla y mostrar cómo derrotar a sus enemigos, pero no cómo volver. La historia se representa en la tradición hindú como un laberinto, que tiene una sorprendente similitud con el estilo cretense, aunque con una variante distintiva del patrón clásico.

La versión hindú, conocida en sánscrito como *Chakra-vyua* (literalmente 'formación wheel-battle'), representa la disposición de las tropas en un patrón laberíntico. Se encuentra en numerosos relieves, así como en la literatura hindú, tántrica y jainista.

Los antiguos laberintos estaban típicamente marcados en piedra o formaban un motivo en un mosaico de suelo; los laberintos de jardín con setos parecen haber sido una invención del período del Renacimiento.

En contraste con un entramado, un laberinto tiene sólo un camino (al menos normalmente). Incluso cuando se ofrecen dos o más caminos como medio de entrada – como es el caso de algunos laberintos especialmente diseñados – cualquier camino que se siga conduce al centro del laberinto. Este es el punto: no hay nada de qué preocuparse, excepto seguir el camino y confiar de que éste le llevará a donde necesita ir.

Se cree que la derrota de Teseo contra el Minotauro fue regularmente decretada por los cretenses y más tarde por los romanos en las llamadas 'danzas de grullas' en torno a un laberinto, recordando también el triunfo de los griegos en Troya y también conocido como el 'Juego de Troya'. Esto nos da un ejemplo más de los usos de los laberintos – para fines ceremoniales y de celebración.

Algunos cristianos antiguos adoptaron el mito de Teseo para retratar los peligros del infierno a los que se enfrentan los que no siguen el único camino. Su encuentro con el centro debía ser devorado, no salvado. Sin embargo, es justo señalar que los cristianos creían también que el laberinto es una alegoría del camino del alma hacia una Nueva Jerusalén, y que sólo los infieles podían esperar que su viaje terminara con un descenso al infierno.

Esta representación del laberinto no es muy útil quizás cuando se consideran los usos que los laberintos tienen en la actualidad. Por un lado, no entramos normalmente en un laberinto esperando encontrarnos con un monstruo o tener que enfrentar nuestros demonios, y menos aún no poder encontrar nuestra salida. Los demonios pueden surgir de vez en cuando al emprender cualquier forma de meditación, sin embargo si lo hacen, podemos estar seguros de que enfrentarlos será para nuestro propio bien. También es cierto que el laberinto puede hacer que veamos nuestra sombra, esa parte de nosotros que no podríamos reconocer como nosotros mismos, o de la cual queremos huir. Una vez más, reconocer y hacer la paz con nuestra sombra es importante si queremos crecer y convertirnos en seres humanos plenamente integrados.

Generalmente, sin embargo, desde el tiempo de los romanos en adelante, los laberintos han sido considerados un espacio para la protección. Son un espacio seguro que nos sostiene, incluso cuando podemos entrar en contacto con nuestras vidas interiores. Lo mismo ocurre con los círculos de piedra, los bosques y los círculos de personas – todos parecen contener una energía positiva y son sostenidos por un espíritu de compasión.

Por fortuna, los laberintos actuales generalmente no tienen Minotauros golpeando el suelo en sus centros. En lugar de espacios que nos abruman, son lugares para el descubrimiento y el crecimiento. Como Hermann Kern dice tan acertadamente: "En un laberinto no te pierdes. Te encuentras." [5].

La forma clássico de laberinto (no del tipo que intenta atrapar) se puede ver en el patrón impreso en los laberintos bálticos de las ciudades de Troya. Se han encontrado patrones similares en laberintos descubiertos en América del Norte y la India.

Se pueden encontrar ejemplos de este patrón en manuscritos jainistas, hindúes y budistas, así como en impresiones que se han encontrado en lugares tan lejanos como Java y Afganistán. Tales laberintos datan de la época de la Grecia clásica, y muy obviamente tenían un significado para las religiones orientales.

Se han descubierto laberintos aún más antiguos en Egipto, como los que describen un templo mortuorio fundado por el Faraón Amenemhat III. Uno más antiguo es el representado en arcilla encontrado en Knossos, con fecha de alrededor de 1400 a.C. Un ejemplo un poco más reciente, encontrado en una tablilla excavada en el sitio del palacio del Rey Nestor en Grecia, es la referencia más temprana a un Laberinto – de alrededor de 1200 a.C. Sin embargo, los laberintos tallados como petroglifos en las paredes rocosas cerca de Pontevedra, en el noroeste de España, pueden preceder a esto por hasta 800 años, y los patrones laberínticos que se encuentran en las antiguas tabletas babilónicas se pueden fechar con una certeza razonable alrededor del mismo período. Los primeros ejemplos etruscos también se han encontrado.

Lo que está claro es que los laberintos tienen una historia muy larga – tal vez tan antigua como la historia en sí.

Como era de esperar, los romanos se interesaron por los laberintos, al menos admirándolos desde el punto de vista artístico, y no por su significado místico o cosmológico. Muchos mosaicos de la época romana incorporan elaborados patrones laberínticos en su diseño, representando característicamente una trayectoria angular, que completa una secuencia moviéndose de un cuadrante de la superficie a otro.

El escritor romano Plinio el Viejo (23/24–79 d.C.) incluye una lista de laberintos en su *Historia Natural*, lo que sugiere que los laberintos tenían más que un atractivo estético para los romanos. La importancia del laberinto como símbolo sobrevivió en lo que ahora es Italia y en otras partes del sur de Europa después de la caída del Imperio Romano Occidental, aunque se encuentra tallado, más comúnmente, en columnas o paredes de catedral que como un camino que se puede caminar [6].

En el mundo celta, los laberintos parecen haber jugado un papel importante también. El laberinto en espiral y ascendente en Glastonbury Tor al oeste de Inglaterra es un ejemplo famoso, que se encuentra en un sitio que, se cree, tiene importancia geomántica [7].

El viajero Gernot Candolini afirma que una explicación del significado de este laberinto particular es la de un hombre que se encontró en este lugar sagrado durante una gira por los laberintos de Europa: "El laberinto es el vientre de la madre", afirmó el hombre, "el cordón umbilical que conduce a la tierra". "Es la danza de las mujeres", dijo una mujer, "y ustedes hombres nunca lo entenderán" [8]. Si es cierto que el laberinto es "un símbolo de la Tierra, el vientre del alma y un campo de baile", como otro observador le expresó a Candolini durante su visita a Glastonbury, podemos decir con toda seguridad que el laberinto tiene un papel poderoso que desempeñar al conectarnos con la tierra misma sobre la que caminamos, el proveedor de todo lo que comemos, y que nos ofrece una base segura para construir nuestros hogares – la Madre Tierra, o Gaia.

La historia de los laberintos en las Américas sigue siendo una historia en gran parte no contada. Se han descubierto dibujos en Brasil, América del Sur, mientras que hay numerosas menciones en la historia de los pueblos nativos americanos desde el siglo XVIII en adelante. Los petroglifos laberínticos se encuentran en varios estados del sudoeste, especialmente Nuevo México y Arizona, y se encuentran entre las referencias más tempranas de rincones laberínticos que se han encontrado en América del Norte.

El concepto del laberinto como la Madre Tierra, el dador de la vida, se ve en muchas representaciones nativas americanas. El renacimiento espiritual, y el proceso de pasar de un mundo al siguiente, también son importantes en el simbolismo del laberinto para el pueblo Hopi.

Las variaciones notables al patrón clásico se encuentran ilustradas en los dibujos y la cestería nativa americana, incluyendo un laberinto cuadrado con dos entradas, y un patrón que combina tanto la conocida ruta tortuosa del laberinto clásico, como lo que parece una distorsión 'pata de araña' (vea el siguiente diagrama).

Ejemplo de un laberinto tejido en una canasta Pima de 1920, que muestra una variación inusual en el diseño clásico

El laberinto hoy

Entonces llegamos al día de hoy. Se cree que se han creado más laberintos durante los últimos treinta años que a lo largo de toda la historia humana. En cierta medida, esto podría no ser sorprendente – la población mundial ha crecido exponencialmente en los últimos cien años, y por supuesto, hay medios más efectivos para crear artefactos portables y comunicar sobre ellos que nuestros antepasados.

En su libro *Walking a Sacred Path*, la Rev. Dra. Lauren Artress describe el interés sin precedentes en el laberinto de la Catedral de Grace, en San Francisco, que se abrió por primera vez al público justo antes de la víspera de Año Nuevo de 1991.

El evento había sido mencionado en un artículo de noticias, pero nadie podría predecir que se formaría una cola fuera de la gran catedral en Nob Hill desde las 6 PM hasta la medianoche. "Abrir el laberinto al público fue como abrir las compuertas de una presa", recalca Artress [9]. "No había forma de contenerla; No había vuelta atrás. Las cosas nunca volverían a ser igual."

Cuan ciertas han sido estas palabras. Tal fue la popularidad del laberinto en la Catedral de Grace, que pronto se le pidió a la Rev. Dr. Artress que trajera su ministerio de caminata de laberinto a muchas otras a través de los Estados Unidos, así como en todo el mundo.

La gran innovación en el laberinto de la Catedral de Grace fue el uso de un lienzo portable, pudiendo llevarse de un lugar a otro, disponerse de acuerdo con las necesidades, y luego plegarse de nuevo para permitir que el espacio que ocupaba se usara para otros fines. Con el llamado de Lauren Artress y la inspiración anterior del Dr. Jean Houston, el laberinto vino a ser restablecido como un espacio bien conocido para la curación, meditación, reflexión, construcción de la comunidad, establecimiento de la paz y muchos otros propósitos.

Los laberintos portables se pueden alquilar y compartir entre varios grupos o comunidades. La iniciativa *Labyrinth Around America* no sería posible sin tal innovación, necesitando obviamente un solo laberinto que pueda transportarse de un lugar a otro. Sin embargo, se han creado laberintos permanentes en muchos lugares. Algunos están hechos de piedra, ladrillos o pizarra, otros se hacen bloqueando esteras de caucho; algunos en la hierba, otros marcados con trozos de árboles.

Para aquellos que pueden viajar o que tienen la suerte de vivir cerca de estos lugares, aún se puede caminar en los laberintos construidos por nuestros antepasados, en muchos lugares – como el laberinto de césped gigante en Saffron Walden en Essex (Reino Unido), el laberinto forestal en Damme Priorato en Alemania, y por supuesto, los laberintos que adornan los pisos de la Catedral de Chartres y otras iglesias al norte de Europa.

Algunos ejemplos más recientes incluyen el laberinto de 11 circuitos que da al Pacífico en Lands End, San Francisco, Labyrinth at The Edge en las Montañas Amathole en Sudáfrica, y en la Universidad de St. Thomas en Houston, Texas. Tal vez hay un laberinto cerca de tu casa. Tal vez serás el que traiga uno a tu hogar.

CAPÍTULO 2

¿Por qué el Laberinto?

SI SE DESCUBREN LABERINTOS en tantos lugares alrededor del mundo, abarcan una historia muy larga, y miles de personas han descubierto un verdadero propósito para querer caminarlos hoy, podríamos razonablemente preguntarnos por qué tienen dicho atractivo. ¿Cuál es exactamente el propósito de recorrer un laberinto, y qué le sucede a una persona cuando entra en su camino?

Como ya podría estar claro de nuestro breve recorrido en laberintos en la historia, no hay un solo propósito que pueda atribuírseles. Los laberintos se han utilizado de diversas formas para actos de celebración (como es el caso de las 'danzas de grullas', realizadas para recordar la victoria de Teseo sobre el Minotauro), como lugar de reunión para la oración y preparación (como en el caso de los pescadores escandinavos que pedían protección para sus misiones), y como camino de peregrinación (como en el caso de los numerosos peregrinos que llegaron al gran laberinto de Chartres y otros lugares).

Los laberintos también se han atribuido como lugares donde se han jugado juegos, realizado rituales sagrados, y los viejos enemigos han venido a dejar de lado sus diferencias.

De forma más significativa – y sin duda por su popularidad en los tiempos modernos – por lo que probablemente han sido varios milenios, los individuos han llegado al laberinto simplemente para recibir su abrazo, para separarse de las preocupaciones de la vida cotidiana, y simplemente 'ser'.

El concepto de 'sólo ser' es uno de los que se habla con bastante frecuencia en estos días, y es fácil descartar dicha idea como una muy pintoresca o incluso trivial.

Para mí, permitirnos 'ser' significa dejar de centrarnos en los eventos que han ocurrido y en las cosas que podrían suceder. Significa renunciar a cualquier idea de tener que hacer cualquier cosa, aunque sólo sea por un momento – sólo para estar conscientes de que estamos respirando y vivos.

También significa estar presente, o experimentar lo que está pasando en el momento – como notar los sonidos del fondo, el viento en nuestra piel, o simplemente observar cómo estamos de pie (o cualquier postura en la que estemos), y nuestra conexión con el suelo.

'Ser' significa tomar conciencia de que habitamos un cuerpo, y que también tenemos una vida interior. Al abrir nuestros cuerpos para recibir y encontrar nuestro núcleo cuando respiramos, el laberinto nos ayuda a establecer una conexión más profunda con esta vida, a la que con demasiada frecuencia se le presta poca atención.

Curiosamente, cuando experimentamos lo que puede ser bastante raro, los momentos fugaces de 'ser', parece que perdemos todo sentido del tiempo físico; lo que parece un instante en realidad puede ser mucho más cuando miramos los relojes. Por el contrario, lo que puede parecer un largo período de tiempo puede abarcar sólo unos pocos minutos en un reloj convencional.

Caminar parece, a menudo, llevarnos a un nuevo tipo de conciencia – no sólo una en la que las reglas normales del tiempo no parecen aplicar, sino también una en el que parecen estar en un estado diferente de ser en conjunto.

Como Lauren Artress dice: "Cuando entramos en el camino del laberinto, un nuevo mundo nos saluda. Este mundo no está plagado de divisiones entre la mente y el cuerpo. Dentro de esta experiencia, se teje una nueva visión de la realidad" [10]. El italiano Gernot Candolini hace un punto similar: "Mientras una persona camina, aprende a escuchar su alma" [11].

Caminar por el laberinto puede implicar momentos como estos – en parte porque tomamos la decisión de no preocuparnos por cómo pasa el tiempo, sino también creo que porque cuando estamos plenamente conscientes del ser, algo místico sucede. Esto es algo difícil de explicar y que a menudo ocurre durante la mayoría de las formas de meditación (y caminar un laberinto es una forma de practicar meditación).

Hemos mencionado otras razones comunes para caminar laberintos – incluso para recibir inspiración, seguridad y orientación. No es raro acercarse al laberinto con una pregunta particular, quizás sobre un asunto que puede ser preocupante, o cuando necesites tomar una decisión.

Al mantener una pregunta en mente al caminar hacia el centro del laberinto, pero sin analizarla ni traer diferentes ideas en la cabeza, es usual que una idea nueva venga o que llegue la inspiración. Esto puede no suceder siempre durante una caminata, pero puede caer en la conciencia posteriormente, probablemente cuando menos lo espera.

Los psicólogos pueden tener algo que decir sobre lo que está sucediendo, especialmente aquellos que siguen las enseñanzas del gran psicólogo suizo Carl

Jung. Los seguidores junguianos podrían sugerir que cuando una persona se separa de sus pensamientos conscientes, se vuelven más sensibles a traer lo que normalmente existe a un nivel subconsciente. Cuando nos adentramos en nuestro interior, propone, aprovechamos la sabiduría infinita – y lo que se conoce como inconsciente colectivo, o el gran almacén de conocimientos, experiencias y planos de vida accesibles a cualquier ser humano.

Por lo tanto, si podemos confiar en la sabiduría colectiva de cada uno a lo largo de la historia – en vez de confiar en nuestras propias mentes limitadas y analíticas – no debería sorprendernos que empiecen a aparecer ideas inesperadas cuando entramos en el laberinto.

Esta puede ser la explicación ofrecida por algunos psicólogos, pero los seguidores de ciertas tradiciones de fe podrían preferir hablar en términos de poder 'conectarse con el corazón' o 'contactar a Dios / Lo Divino / La Fuente Verdadera', cuando somos capaces de darle a nuestra mente egoísta un descanso. La investigadora y periodista australiana Virginia Westbury destaca "el sentimiento, el corazón, la conexión y la personalidad" como conceptos que parecen subyacer nuestra atracción actual hacia el laberinto [12].

No creo que importe cuál sea la explicación correcta, y aunque las experiencias de muchas personas pueden convencerlos de una manera u otra (incluida la mía), no se puede probar empíricamente de donde viene la inspiración o la guía viene al meditar o caminar un laberinto.

Aun así, creo que es intrigante considerar brevemente la posibilidad de otra creencia que los pensadores junguianos han propuesto – la noción del *arquetipo*. Los arquetipos son patrones de comportamiento o, si se prefiere, modelos de vida que existen en el inconsciente.

Así como el concepto del inconsciente colectivo, los arquetipos son una parte de nuestro ADN extendido – nacemos con la habilidad y la tendencia de aprovechar estos planos intemporales para la vida que guio a nuestros antepasados, y puede guiarnos también. Los ejemplos incluyen el héroe, que busca ser fuerte y competente; el mago, cuyo lema es que creamos nuestras vidas a partir de las visiones que imaginamos; y la mujer u hombre sabio, cuyas pruebas de la vida y maduración los lleva a la integridad.

Algunos dicen que el laberinto es un arquetipo en sí, incluso si es algo que no sólo podemos ver, sino caminar. Quizás puede representar a 'la Gran Madre', Gaia, el organismo infinitamente complejo llamado Tierra, del cual todos somos partes vivas e intrínsecamente conectadas.

Para otros, el laberinto tiene un significado cosmológico, tal vez un modelo del propio Cosmos en sí, con su juego de vida cambiante en toda su diversidad y manifestaciones individuales aparentes, pero que de alguna manera están conectadas y se funden en lo que podríamos conceptualizar como tener un centro común.

Pero nos estamos adelantando. Lo que el laberinto puede o no representar realmente no importa. No necesitamos saber por qué llega la inspiración cuando caminamos, ni por qué podemos sentirnos en paz o aparentemente separados del tiempo mundano. Sólo necesitamos confiar en que el laberinto hará su magia – y simplemente 'es'.

Una de las bellezas del laberinto es que nadie sabe cómo llegó a ser, por qué se encuentra en muchas partes del mundo, ni por qué tantas personas viven experiencias maravillosas al caminarlo. Cuando nos acercamos a su abrazo, estamos llegando a algo que creo que es sagrado; algo que tiene misterio y poder.

Creo que es apropiado que sea de esta manera. No debemos esperar que el laberinto renuncie a sus secretos fácilmente. Todo lo que necesitamos es caminar y, si es posible, renunciar un poco a nuestra confianza en la versión de la 'verdad' de nuestro propio ego por un momento.

El Alfa y el Omega

Para mí, el laberinto representa lo que podría llamarse el 'alfa y omega' de la vida de una persona y su integración en el 'todo' – la fusión de un individuo con una sola y única esencia. Esta es sin duda mi percepción al llegar al centro, y notar que soy sólo una parte de la constelación cambiante de caminantes a mí alrededor.

Si el 'Alfa' es el individuo egoísta (en la forma en que el 'macho alfa' describe a alguien que domina un grupo), entonces el 'Omega' es el todo, el verdadero Ser y la trascendencia del individuo.

El centro es un lugar de integración: un lugar para descansar y ser absorbido por lo que sucede a su alrededor. Apropiadamente, quizás, la letra griega Omega se traduce al inglés como 'la O grande' – y esta es una forma en la que me gusta describir el espacio que contiene el laberinto. Dicho esto, mi opinión está sesgada por mi interés en el misticismo y la espiritualidad. Es sólo una posible explicación del poder del laberinto.

Experiencias en el camino

¿Qué sucede entonces cuando se entra en un laberinto?

En pocas palabras: no hay una experiencia común que acompañe cada recorrido. Diferentes personas pueden tener muchas experiencias variadas en diferentes momentos, así como la misma persona en diferentes recorridos. Cada recorrido ocurre por primera vez. Cada recorrido es único.

Permítanme tratar de describir un ejemplo de uno de mis propios recorridos, aunque debo tener cuidado de insistir en que no estoy seguro de que esto podría ser descrito como 'típico'. ¡El recorrido es único, después de todo! Para el propósito de mi ilustración, me refiero a uno organizado por un facilitador, en lugar de caminar un laberinto de libre acceso en cualquier momento.

Por lo general, me acerco al laberinto para dejar ir los pensamientos que ocupan mi mente – viéndolo como un lugar para meditar, y aceptar todo lo que pueda llegar en forma de imágenes, pensamientos o sentimientos. En otras palabras, mi camino normal hacia el centro no es premeditado por una pregunta o expectativa específica de lo que podría experimentar. Simplemente me dejo 'llevar', ya que esta puede ser la única oportunidad que tengo durante el día para hacerlo.

Si existe la oportunidad, normalmente espero un rato después de que el laberinto se haya abierto, hasta que me sienta bien para dar un paso adelante y comenzar mi caminata. Nada, más que un suave impulso, puede instarme a hacer este movimiento, pero el gran impulso, por lo general, parece venir de algún lugar dentro de mí, en lugar de ser deliberadamente pensado... Usualmente no hago un cálculo como "ahora puedo ver que hay una gran abertura entre los caminantes delante de mí, por lo tanto, ¡este es el momento de hacer mi movimiento!"

Por supuesto, una o muchas personas pueden sentir la necesidad de acercarse al laberinto al mismo tiempo que yo. En tal caso, tomaré mi turno en la cola, hasta que el anfitrión me lleve al camino. Sin embargo, me gusta esperar un momento justo fuera del punto de entrada del laberinto antes de dar mi primer paso. Esto me da la oportunidad de reconocer que estoy entrando en un espacio diferente del que vengo – una marca de respeto al laberinto, de la misma manera que (digamos) un devoto de la Iglesia Católica Romana se hace la señal de la cruz con su mano al acercarse al altar de la iglesia.

Creo que cuando damos nuestro primer paso en el laberinto, estamos cruzando un umbral. Sea o no para entrar en un espacio liminal (un lugar donde hemos dejado atrás lo que nos es familiar, pero aún no sabemos lo que podríamos encontrar en una nueva situación a la que nos dirigimos), no sé, pero entrar en un laberinto es para mí dejar el mundo exterior detrás de mí.

El concepto de cruzar un umbral es, por sí mismo, otro propósito que tiene el laberinto. Como ritual en la ceremonia, caminar sobre una línea, o a través o debajo de alguna construcción física que representa un límite, a menudo simboliza un compromiso de pasar a una nueva etapa de la vida.

En una ceremonia de un rito de iniciación – por ejemplo, donde una mujer joven o un hombre pasa de la infancia a la edad adulta – enfrentarse a dicho límite y luego pasar al otro lado indica que la persona está dispuesta a asumir las nuevas responsabilidades a las que se enfrentarán en este nuevo capítulo de la vida. La iniciación de los adolescentes a la edad adulta en algunas tribus de

África, por ejemplo, codifica este rito de transición en una danza laberíntica (como la Danza Domba, realizada por mujeres jóvenes del pueblo Venda).

Por ende, el laberinto puede desempeñar un papel poderoso en las ceremonias que marcan importantes transiciones de vida.

Caminar sobre un laberinto no suele asociarse con pasar de una fase de la vida a otra, pero creo que cada caminata implica reconocer la posibilidad de que se cambie de alguna manera, incluso si esto no puede ser evidente inmediatamente.

Camino al ritmo que parezca correcto. El movimiento a lo largo del camino no es una carrera, y quizás, a veces, como observa Gernot Candolini, "Aquellos que viajan demasiado rápido a menudo pasan rápidamente por el centro sin notarlo" [13].

Mantengo mis 'ojos suaves', o una mirada que no está fija firmemente en algo en particular. Soy vagamente consciente, normalmente, en mi visión periférica, de los caminos que otros a mí alrededor podrían estar tomando, y noto donde estoy colocando mis pies, pero de lo contrario mi enfoque está dentro de mí mismo. Ni siquiera estoy pensando en llegar al centro, y no importa si lo hago (el viaje es lo que importa, no llegar a un destino).

Mi ritmo puede acelerar algunas veces, y otras, disminuir. A veces, puedo sentir que sólo quiero descansar un rato, concentrándome en la respiración a través de mi cuerpo, o tomar conciencia de la fuerte conexión de los pies con el suelo (como si el árbol tuviera sus raíces firmemente plantadas en la tierra).

Algunos diseños de laberinto, como el patrón de Chartres, ofrecen puntos donde es posible salirse del camino del laberinto por un corto tiempo. Estas características, como la forma de hacha de doble mordida en el patrón de Chartres, son espacios donde se puede permanecer de pie, sentarse o arrodillarse durante un tiempo, sin interrumpir el paso de otros caminantes.

Sin embargo, pasar junto o delante de otra persona, o ser pasado por otro, es otro aspecto de la belleza del laberinto. Por supuesto, se puede caminar un laberinto solo, pero cuando otros comparten el espacio, se crean momentos especiales de conciencia de que cada uno es parte de un todo más grande. Hay algo muy especial al caminar un laberinto con otros.

A menudo se dice que el laberinto es una metáfora de la vida – que las personas siguen sus propios caminos de vida, pero que todos estamos avanzando hacia el mismo destino (para alcanzar nuestro pleno potencial como individuos, para ser salvados de las tribulaciones de la vida cotidiana, o encontrar la iluminación). Durante el viaje de la vida, por supuesto, nos encontramos con otros – a veces llegan a nosotros, a veces pasan por nosotros, y otras veces sólo alcanzan la periferia de nuestra atención. Dichos encuentros ocurren también en el laberinto, pero sin implicar un intercambio de palabras o – peor – un cruce de espadas.

No sabemos lo que otros pueden estar experimentando durante sus paseos, qué pensamientos pueden preocuparlos – de lo que estamos conscientes es que cada uno va adelante, a nuestro propio ritmo y en nuestra propia manera.

Si el laberinto modela la vida en lo cotidiano, entonces también se puede pensar que representa el ciclo completo de la vida – desde el nacimiento en el camino de entrada, hasta el 'morir', hasta las viejas formas de pensar y comportarse en el centro y luego emerger del laberinto como si se renaciera.

Esto podría considerarse como una forma exclusivamente cristiana de pensar sobre un aspecto del simbolismo del laberinto. Sin embargo, la noción de vida como un ciclo de muerte y renacimiento está bien arraigada, tanto en las tradiciones orientales como en el pensamiento pagano; por ejemplo en las tradiciones hindú, budista y druida (para los druidas, un espacio circular también representa el ciclo de las estaciones, donde el borde exterior representa la órbita de la tierra y su centro simboliza el sol, la fuente de toda la vida en la Tierra).

Noto, con frecuencia, a los demás cuando estoy caminando por el circuito exterior del laberinto. Mi observación es que tiendo a ser una persona que se mueve bastante en los bordes de la vida, a menudo contento en mi soledad, pero tomando el consuelo del hecho de que no estoy realmente solo.

Mi ritmo al caminar a menudo toma el circuito exterior también – no sé por qué esto puede ser así, pero parece tener algo que ver con la recolección de un impulso hacia el centro, a menudo con un camino claro por delante de mí. La vida misma, por supuesto, implica períodos en los que parecemos avanzar a gran velocidad, así como otros en los que nos sentimos frenados. Salen a relucir pequeñas observaciones de este tipo que podrían acompañar a un paseo, y que son ejemplo del tipo de reflejos que de otro modo podrían pasar por nosotros.

También hay algo sobre moverse en una dirección circular que genera un flujo de energía. Charles Darwin es famoso por caminar un paseo de arena tortuoso en su Jardín en Kent, donde se dice que formó sus teorías sobre el origen de las especies. Esta práctica parece haber sido muy beneficiosa para formar sus puntos de vista.

En una tónica similar, una aplicación moderna del laberinto es la resolución de problemas. Por ejemplo, Sig Lonegren describe una técnica en la que una pregunta separada relativa a un problema puede ponderarse en cada circuito de un laberinto clásico [14].

Las espirales pueden tener un efecto similar, aunque estrictamente hablando, una espiral no es un laberinto. El primero es alguien caminando continuamente más cerca del centro y puede que no esté virtualmente encerrado por un perímetro exterior. La trayectoria de un laberinto, por el contrario, se aproxima en general a órbitas de diverso tamaño, o tiene una ruta que 'va y viene' hacia el centro.

Debemos notar que los laberintos no son siempre de forma circular, ni sus caminos siempre son sinuosos. Las instalaciones de las catedrales de Amiens, en Francia, y Ely, en el Reino Unido, por ejemplo, muestran un patrón muy angular. Sin embargo, un perímetro bien definido contiene estos y todos los laberintos, y será evidente para cualquier caminante que los pasee que se mueven alrededor y en última instancia hacia un centro.

Muchos diseños de laberinto, como el patrón familiar visto en el estilo medieval, implican giros frecuentes que nos regresan a la dirección de la que venimos. Una característica ingeniosa del patrón medieval (Chartres) es que su camino sinuoso a veces se acerca al centro, y luego lleva a un caminante hacia el borde exterior nuevamente. A menos que estés muy familiarizado con este patrón y observe conscientemente el rumbo de tu caminata, es difícil saber dónde se está a lo largo del camino – el centro puede estar muy cerca, o aún, muy lejos.

Me parece que el ir y venir, acercándose y alejándose del centro, a menudo me hace 'despertar' en turnos si encuentro que estoy vagando en cosas cotidianas – que sirve como un recordatorio para 'desconectarme' y permitirme sólo caminar.

Hay algo al mover el cuerpo en este patrón de 'ir y venir' que es muy energizante, y siento que el juego de las energías se amplifica por la relación de nuestra posición cambiante con respecto a otras que están progresando a lo largo de sus propios caminos. Los físicos podrían intervenir para ofrecer una analogía con la atracción gravitatoria de las estrellas y los planetas, pero dejaré pasar esas comparaciones sin cuestionar su significado.

Para los peregrinos que habían hecho largos viajes para llegar a la catedral de Chartres y otros lugares, llegar al centro del laberinto debía sentirse como llegar finalmente a la puerta del Cielo mismo. Para mí, llegar es, normalmente, sólo un punto en el viaje. Por lo general me siento inclinado a esperar un rato, a menudo sentado y cerrando los ojos, sintiéndome seguro y aterrizado, permitiendo que el movimiento silencioso de los compañeros caminantes alrededor de mí se fundan en un desenfoque.

Sin embargo, para muchos, llegar al centro tiene mayor importancia. Esto es, como dice Virgina Westbury, "[un lugar que simboliza] la integridad y plenitud, el corazón de la materia, nuestro corazón humano" [15].

Al llevar una pregunta conmigo al laberinto, un descanso en el centro ofrece la oportunidad de escuchar y recibir lo que pueda venir – o esperar un poco para una posible respuesta, si no estoy seguro de haber recibido algo (de hecho, lo que se recibe puede ser percibido a un nivel subconsciente). Mi sendero exterior es entonces el ser agradecido por lo que he recibido, y estar abierto a cómo podría integrar esto en mi vida cotidiana.

Al igual que con descansar antes de comenzar mi caminata, a menudo espero un pequeño impulso interior para caminar de regreso desde el centro. Aunque todavía estoy contenido en el espacio del laberinto, mi viaje hacia el exterior, a menudo, parece moverse a un ritmo más rápido que mi interior. Soy consciente de que estoy, paso a paso, acercándome al punto en el que de nuevo necesito cruzar el umbral para volver al mundo cotidiano, dejando atrás el santuario del laberinto. Esto puede no ser una perspectiva a la que siempre le doy la bienvenida, pero estoy consciente de que suele ser el caso en el que voy a salir del laberinto mejor preparado para enfrentar el día por delante de mí que antes de pisarlo. Estoy volviendo de algún modo transformado, incluso – al menos, hablando metafóricamente – renacido.

Si el laberinto se asemeja a veces al gran vientre de la naturaleza, tal como se cree que ha sido comprendido por los creadores de los primeros laberintos bálticos, entonces podría haber cierta verdad en la noción de que el laberinto es un lugar para renacer – o donde podríamos estar preparados para emerger de vuelta al mundo habiendo sido transformados.

Algunos han argumentado que algo similar ocurre cuando estamos en un sueño profundo – nos conectamos con un nivel de conciencia que nos permite reflexionar sobre, aprender de, y nos equipa para responder a los desafíos que pueden ponerse delante de nosotros. A través de encuentros tan cercanos con nuestro ser interior, el alma podría crecer.

De nuevo, estamos en un terreno de conjeturas, pero sospecho que haya algo más poderoso de lo que podríamos darnos cuenta cuando nos movemos hacia el corazón del laberinto. Estoy de acuerdo con Sig Longeren, quien afirma que "los laberintos pueden hacer magia real – momentos que unen a los mundos... aumentando la posibilidad de reunir nuestro modo analítico o racional de conciencia con nuestros niveles intuitivos o espirituales de conciencia" [16].

Ciertamente, es el caso en el que encuentro mi ritmo respiratorio calmante y la tensión se libera de mi cuerpo. Y si llevaba un auricular durante mi camino, más que probable, aprendería que mis ondas cerebrales están siguiendo el patrón de Alfa o Theta en lugar de las ondas Beta – el tipo que ayuda a la calma y ayuda a integrar la mente y el cuerpo. Esto encajaría en el patrón observado en los estudios de individuos en meditación profunda, así como aquellos en un período de sueño profundo [17].

Habitualmente dudo un poco antes de salir del laberinto; pero sólo un poco, porque sé que mi camino debe terminar. Como al cruzar el umbral del laberinto cuando empiezo mi caminata, una vez que salgo fuera de su espacio, por lo general, me vuelvo a ofrecer, silenciosamente, las gracias por lo que me ha dado, antes de volver a mi asiento.

Lo que he descrito es sólo un ejemplo de un recorrido. Cada recorrido que he tomado en el laberinto ha sido diferente, presentando pensamientos, imágenes y sentimientos inesperados. Por encima de todo, cada recorrido me ha tocado de alguna forma – me he sentido en paz, seguro, y a veces, perturbado. Los cambios que pueden ocurrir en el laberinto son los que, confío, serán útiles para mí, y relevantes para el punto que he alcanzado en mi vida. Estoy seguro de que lo mismo pasará para todas las demás personas, aunque sus experiencias puedan ser muy diferentes de las mías.

Basta por ahora sobre lo que sucede para un individuo en el laberinto. Me gustaría volver a considerar algunas de las muchas aplicaciones al caminar el laberinto que aún no hemos tocado.

Clive Johnson

Aplicaciones del laberinto

Un buen ejemplo para comenzar es un laberinto que haya sido utilizado para reconciliar diferencias después de un conflicto. El Reconciliation Labyrinth en Sudáfrica tiene dos entradas en su diseño. Clare Wilson, su diseñadora, explica que los dos portales representan los diferentes lugares de partida a los que los sudafricanos han llegado después de los años de la segregación.

Al mismo tiempo, este inusual diseño sirve como un recordatorio de que, si bien las experiencias que llevan a las personas a su origen pueden ser muy diferentes, al avanzar, cada caminante lo hace con el deseo común de curar las heridas de la división y, como dice Wilson, "para crecer en la fuerza de nuestra diversidad, para iniciar nuestro viaje hacia... [crear un] Sudáfrica, donde a las personas realmente le importen los otros y lo que las experiencias de la vida nos han hecho" [18].

Al pasar al lado de otros y caminar el mismo camino, el laberinto ayuda a las personas a apreciar cómo se han formado sus propias vidas antes de llegar a un centro común y compartido.

El primer laberinto que incorpora el patrón de reconciliación fue inaugurado en un suburbio de Ciudad del Cabo en el 2002. Se han creado muchos más desde entonces en todo el país, ya sea permanentes o temporales. Uno es, ahora, un accesorio permanente junto al faro de Slangkop en

Kommetje, cerca de Cape Town. Allí se imparten tres días de cursos para niños, a los cuales se les ofrece la oportunidad de caminar por el laberinto junto con otros compañeros jóvenes, que a menudo vienen de diferentes orígenes y barrios.

El diseño de Wilson se ha imitado en otras partes del mundo – incluso en escuelas, lugares de terapias y comunidades. El papel del laberinto en la construcción de puentes se desarrolla comúnmente de forma individual o de organización, así como al proporcionar un camino a seguir después de un período tenso en la historia de una nación. Por ejemplo, uno de esos laberintos en California se utiliza para ayudar a los padres divorciados a encontrar formas de trabajar juntos, especialmente para respetar el terreno común que se necesita para proteger los intereses de sus hijos [19].

El potencial de los laberintos con un propósito unificador y de pacificación se ejemplifica en otras iniciativas también. En los Juegos Olímpicos de Invierno de Salt Lake City en el 2002, por ejemplo, se inauguró un laberinto de 7 circuitos para alentar el encuentro del personal, atletas y visitantes de diferentes naciones.

Este 'World Peace Labyrinth' incluyó siete esferas en su diseño, simbolizando los siete continentes. Al llegar al laberinto, los caminantes podían compartir una práctica común, sin denominación y pacífica.

Inspirándose en el ejemplo de Salt Lake City, la ministra presbyterian y facilitadora de laberintos de Florida Kathryn McLean cocreó una versión portable del mismo diseño, que ha usado para muchas iniciativas de construcción comunitaria en su estado natal y otros sitios.

Se han diseñado otras iniciativas para ayudar a la sanación y restauración comunitaria entre quienes se están recuperando de un trauma colectivo. Los ejemplos incluyen laberintos en Long Beach, Mississippi, el que se utilizó para ayudar a las comunidades locales a reconstruir sus vidas después de la devastación del huracán Katrina, y después de los derrames de petróleo en el Golfo; un laberinto en Trinity Wall Street/Iglesia de San Pablo cerca de Ground Zero en Nueva York; y un laberinto utilizado por los militares en el 30mo Batallón AG, y que ofrecía un refugio tranquilo para la reflexión y reintegración después de su regreso del servicio en Irak y Afganistán.

El valor de los laberintos para la construcción de una comunidad ha sido reconocido por muchas autoridades. Se ha ordenado colocar laberintos en parques públicos, plazas de la ciudad, y otros espacios públicos, aumentando, a menudo, la imaginación y galvanizando la participación de las personas en su creación.

Por ejemplo, en la plaza de la torre en el asentamiento montañoso de La Falda en Argentina –

una ciudad a la que muchos nazis huyeron después de la Segunda Guerra Mundial – los pobladores han cocreado un laberinto con el apoyo de su municipio, además de la ayuda de un equipo de la organización líder en laberintos, con sede en California, Veriditas.

"Esperamos que nuestro laberinto sea útil para ayudar a las personas a unirse, reconciliando los viejos odios, trayendo la curación", comenta Judith Tripp, una de los catorce defensores del laberinto que viajaron a La Falda para ayudar en el diseño del laberinto y el trabajo de la fundación [20].

Un legado igualmente valioso que ha ayudado a popularizar el recorrido de laberintos en otra parte del mundo es la impresionante instalación de piedra arenisca en el Centennial Park en Sídney, Australia. Esta instalación permanente se basa en el modelo de Chartres, y surgió, en gran medida, como resultado de la visión y la dedicación de una sola mujer.

El proyecto comenzó con la idea de Emily Simpson, que se había inspirado para hacer un laberinto en su ciudad natal después de descubrir la fuerza unificadora del laberinto durante una gira por Escocia. Tras varios años de trabajo duro y recaudación de fondos, el Sídney Centennial Park Labyrinth se consagró en el 2014 con representantes de las diferentes tradiciones religiosas de la ciudad y colaboradores que ayudaron a Emily a recaudar los A$500.000 necesarios para ejecutar el proyecto.

Una de los guardianes sabios del proyecto de Sídney, un anciano aborigen Biripi, la Tía Ali

Golding, resumió lo que este laberinto en particular ha llegado a significar para muchas personas:

"Caminar de casa al campo es una conexión que nuestras personas siempre han tenido con la Madre Tierra. Nuestra cultura se define por la cercanía de los círculos familiares y por permanecer conectados con las personas dentro de ella. El laberinto invita y le da la bienvenida a la gente a caminar el sendero juntos – los llama a la tierra en unidad".

Años después de su inauguración, caminar por el laberinto se ha convertido en una parte importante de la vida de muchos habitantes de Sídney. Suelen realizarse paseos en grupo al atardecer, y cada día, los ocupados, las madres con cochecitos y los turistas, se detienen para hacer una pausa en el tranquilo espacio del laberinto.

La participación de la comunidad en la construcción del laberinto se evidencia en proyectos alrededor del mundo. Al igual que con la iniciativa de La Falda, individuos de diferentes localidades y culturas se han unido para compartir en esta tarea.

El carismático artista de Houston, Reginald Adams, es uno de los que ha inspirado y dirigido dichos proyectos, incluyendo un laberinto en el que estudiantes de secundaria y universitarios de Texas, junto a adolescentes en Ecuador, cocrearon un laberinto por el Ecuador, cerca de Quito. Reginald ha brindado su talento a proyectos de laberintos en las zonas del centro de la ciudad también, incluyendo uno construido sobre los escombros de una iglesia derribada en su ciudad natal, que sigue ofreciendo un espacio donde los ex fieles y sus vecinos pueden reunirse para contemplar, fraternizar, y orar.

El enfoque de construcción de la comunidad se ha tomado también en los entornos organizacionales – incluyendo laberintos en campus universitarios, hospitales y en terrenos corporativos.

En el Instituto de Teología de Myanmar, por ejemplo, profesores, personal y estudiantes crearon un laberinto para fomentar la vida espiritual de la comunidad. El laberinto fue presentado con la oración de que los que lo caminaron encontrarían una conexión con Dios. Al poco tiempo de completarse, las personas comenzaron a reportar incidentes de sanación al caminar por el sendero del laberinto. Un hombre que había estado sufriendo arritmia cardíaca confesó que su latidos habían vuelto a la normalidad después de su encuentro con el laberinto; una mujer informó sentir que la 'levantaban' cuando caminaba, a pesar de tener un corazón débil y dudar de que tenía la capacidad física para caminar [21].

En un análisis de una investigación publicada, el Dr. Herbert Benson del Instituto de la Mente/Cuerpo de la Escuela de Medicina de Harvard está convencido de que tal práctica conduce tanto a la reducción de la presión arterial como a mejores tasas de respiración [22]. El dolor crónico, la ansiedad y el insomnio, se encuentran entre otras condiciones, que de acuerdo a la evidencia disponible, se reducen al caminar regularmente un laberinto, aparte de los beneficios evidentes de relajación.

Jeff Saward, una autoridad líder en la investigación de laberintos, sugiere algunas formas en que podemos responder al laberinto: "El laberinto puede ser un camino de oración, una oportunidad para conectarse con lo Divino y contemplar la magia y el misterio de la existencia... [sus] encantos invitan a la gracia, así como a la conmoción, el deleite y la curiosidad, así como la contemplación" [23].

De forma similar, una extensa revisión de John W. Rhodes de 16 estudios que exploran los efectos positivos de la participación en un laberinto [24] agrega peso a la idea de que este ofrece muchos beneficios potenciales.

Rhodes distingue entre las respuestas físicas al interactuar con el laberinto (como el aumento de la calma, la reducción del estrés y la ansiedad) y los efectos del 'estado mental' que parecen emerger de ellos (como la claridad, la apertura y la reflexión). Son estos 'estados mentales', sugiere Rhodes, los que podrían hacer que una persona sea más receptiva a los destellos de inspiración, las corazonadas, y cosas por el estilo.

En su estudio de los efectos del uso del laberinto en el Instituto de Teología de Myanmar, Jill Geoffrion ofrece una perspectiva alternativa, distinguiendo entre varios tipos de curación que son reportados por los caminantes – incluyendo sanación emocional, espiritual, relacional y social. "El laberinto parece ser un lugar seguro en el que la gente se siente libre para explorar sus temores profundos, así como sus deseos relacionados con las comunidades en las que viven", destaca Geoffrion. "[Hay] muchas formas en las que la oración en el laberinto ha dado lugar a una mayor sensación de integridad y salud" [25].

Algunos de los comentarios ofrecidos por los caminantes del laberinto en el Instituto de Teología de Myanmar y otros lugares ciertamente lo confirman:

"Esta fue la primera vez que mi mente estaba sin distracciones en los últimos tres años".

"Mientras oraba [en] el laberinto, fui liberado de la esclavitud del estrés".

"Me conmovió mucho la experiencia y encontré una sensación de paz".

"Desde que caminé el laberinto durante un período de tiempo, la depresión que estaba sobre mí cuando mi marido murió se ha ido".

Entonces los laberintos han encontrado su camino en hospitales, hospicios y hogares de cuidado. El laberinto en el Hospicio de Peregrinos en Canterbury, Reino Unido, es uno de muchos centros donde un laberinto juega un papel importante en el cuidado paliativo de quienes enfrentan una enfermedad mortal.

En otros contextos terapéuticos, se han reportado experiencias similares, incluyendo lo que ocasionalmente han cambiado vidas. Este ha sido el caso en centros como Cottonwood Tucson, Arizona, un centro residencial dedicado al tratamiento del abuso de sustancias, trastornos del humor y traumas no resueltos. Muchos pacientes que han recorrido un laberinto afirman que su encuentro les ayudó a confrontar problemas profundamente arraigados, como estar listo para abordar áreas que despiertan un gran temor y de las que habían estado huyendo [26].

Parece estar claro que los efectos del caminar un laberinto pueden ser muy profundos. Pero para muchos, la oportunidad de escapar de lo cotidiano, de reconectarse consigo mismo, o simplemente de ser ininterrumpido por un corto tiempo son razones suficientes para volver al laberinto una y otra vez.

Los laberintos pueden tener muchas aplicaciones diversas, pero en última instancia, no exigen nada más de nosotros que simplemente caer en su abrazo, caminar y ser. Como el venerable Boan Sunim, del Korean Puri Temple, Gordon, Sídney lo dice con tanto acierto: "Mira tus pies. Ahí está tu mente. Mira dónde están tus pies. Estás allí" [27].

CAPÍTULO 3

¿Cómo Abordar el Laberinto?

COMO HEMOS VISTO, los laberintos se han usado para diferentes propósitos, así como para muchos de los que hemos discutido. Pero, ¿cómo debemos abordar el laberinto como individuo o como comunidad?

Anteriormente, describí aspectos de mi experiencia durante una caminata de laberinto. Como mencioné, era para ilustrar un ejemplo de lo que podría suceder al entrar en el laberinto. No es de ninguna manera lo que se descubre a través de su propia experiencia.

De hecho, cada vez que entramos en el laberinto, debemos esperar tener una experiencia diferente. Esto es un poco como la vida misma – cada vez que nos adentramos en algo nuevo, no podemos anticipar completamente lo que puede suceder.

En mi caso, normalmente no llevo una pregunta conmigo al laberinto. Pero no siempre es así. De hecho, cuando he tenido una pregunta particularmente importante y necesito orientación, me acerco al laberinto con el propósito de mantener mi pregunta durante mi caminata interior, abriéndome para recibir cualquier respuesta que pueda llegar. Algunos anfitriones de laberintos pueden ofrecer tarjetas con una palabra, frase o pensamiento, en la entrada al laberinto, para aquellos que deseen tomar uno durante su caminata como un posible foco de reflexión.

La respuesta a una pregunta planteada puede no llegar de inmediato, pero a menudo una idea, una palabra de mi voz interior, o un sentimiento llega. Es más, perder temporalmente una pregunta que pudiéramos haber llevado al laberinto no significa que no tenga relevancia – cuando preguntamos con intención real, nuestro subconsciente puede mantener nuestra investigación abierta, así como ser muy sensible a recibir respuestas.

Otras veces, puedo tratar de mantener mi enfoque en cómo estoy dando cada paso a medida que avanzo. La invitación es a prestar atención a cómo nuestros pies hacen contacto con el suelo al dar cada paso – ser conscientes de cómo flexionamos cada pierna mientras damos un paso adelante, luego como ponemos el talón del pie delantero en contacto con el suelo, antes de arquear el pie, y finalmente hacer el contacto completo con el suelo.

En otras ocasiones, tal vez desee recitar un mantra – una sola palabra o frase sencilla – como un medio para anclar mi atención mientras sigo el camino del laberinto. Un simple mantra que de vez en cuando me gusta repetir rememora las palabras del renombrado Maestro Zen, Thich Nhat Hanh [28]:

"Inhalo, tranquilizo mi cuerpo y mi mente. Exhalo, sonrío –
Viviendo en el presente, sé que este es el único momento."

Para mí, esta es una forma muy poderosa de mantenerme en contacto con el presente, ya que cada frase se recita mientras tomo aliento. "Inhalo, tranquilo... Exhalo, sonrío..."

Incluso cuando se utiliza un 'ancla', como un mantra o un enfoque en una pregunta, no es raro perder de vista esto mientras la meditación se profundiza durante el camino. Y cuando tu mente ocupada deja de llamar la atención, esto es generalmente un indicio de que has logrado dejar ir tu mente ego por un tiempo, y te has vuelto más consciente de la orientación generalmente suave de su voz interior.

Ser sensibles a las ideas o sugerencias que pueden llegar en estos momentos puede ser especialmente edificante, porque estos momentos (a menudo) fugaces son aquellos cuando estamos cerca de estar en contacto con nuestro verdadero yo.

Todo esto puede sonar muy místico y más allá del ken de alguien que sólo quiere probar un laberinto. Sin embargo, no hay necesidad de preocuparse por lo que puede o no puede experimentar al dar sus primeros pasos en el laberinto. Apunto la posibilidad de entrar en un profundo estado de meditación simplemente porque esto no es una experiencia poco común.

La verdad es que no hay experiencias establecidas que vienen de estar abiertos al abrazo del laberinto. Como hemos dicho antes, cada paseo es único. No hay un paseo bueno o malo – lo que será, será.

El mismo principio de 'el camino de nadie' aplica a cómo te mueves físicamente desde la entrada de un laberinto a su centro, y viceversa. El anfitrión de un paseo puede sugerir algunas pautas a seguir, tanto antes como después de caminar, y cuando se mueve alrededor del laberinto en sí. Estas pautas pueden incluir respetar el espacio y el silencio de los demás (si hay un reconocimiento no verbal cuando pasas por otra persona, eso está bien; normalmente, los compañeros estarán solos en su reflexión).

También se pueden destacar algunos asuntos prácticos que pretenden ayudar a preservar la vida del laberinto, como quitarse los zapatos, por ejemplo, y mencionar cómo se llevará a cabo la caminata (por ejemplo, una campana, o al notar cuando el anfitrión comienza a circular lentamente alrededor del perímetro del espacio del laberinto).

Generalmente, estas reglas básicas están diseñadas para asegurar que todos los que comparten una caminata se respeten mutuamente, mientras respeta el laberinto en sí, y para relacionarse con las dudas logísticas cotidianas que se deben observar, como el tiempo disponible.

Excepto dicha guía, no hay reglas para lo que se hace una vez que se cruce el umbral del laberinto. Extiende tus brazos, tráelos en la forma de cruz a través de tu cuerpo (esto no es un gesto exclusivamente simbólico para los cristianos, sino también una manera de consolarse a sí mismo para mantener una buena postura), o déjalos colgando a un lado.

Camina al ritmo que te parezca correcto – ralentiza y acelera como lo sientas, de vez en cuando detente, sintiendo lo que sientes justo en ese momento. Otros pueden dar un paso a tu alrededor cuando su ritmo es más rápido que el tuyo, y por supuesto, a veces puedes sentir la necesidad de pasar por otros que están por delante en el camino.

En el centro – si llegas – quizás quieras esperar un poco, o embarcarse en tu caminata al exterior sin detenerte. Algunos diseños pueden implicar tomar un camino diferente al que te hizo llegar al centro; otros te invitarán a regresar por el mismo camino.

Por supuesto, no hay necesidad de llegar al centro, tal vez porque esto no se siente como lo correcto, o, porque el tiempo disponible para la caminata es limitado. Simplemente gira en un punto y luego regresa por el mismo camino que te llevó a donde estás ahora.

Cuando finalices, quizás desees esperar un poco antes de salir para continuar con tu día. Continúa respetando a los que siguen caminando, a aquellos que aún no han comenzado, y a aquellos que están reflexionando sobre las experiencias que el laberinto les ha dado.

El anfitrión puede sugerir que puedes irte tranquilamente cuando te sientas listo, o pueden invitarte a permanecer hasta que todos hayan completado sus paseos.

Los paseos facilitados pueden también implicar cierta variación en cómo se realiza la sesión. Por ejemplo, en la iglesia donde comencé a caminar con regularidad, si bien nuestro número seguía siendo pequeño, solíamos reunirnos en el centro para escuchar una breve lectura antes de continuar nuestros viajes de nuevo. Yo solía valorar estos momentos de estar en un pequeño círculo con mis amigos, cada uno de nosotros siguiendo el camino que nos trajo a nuestro propio camino, pero ahora hemos llegado a un centro común. Estos paseos también fueron precedidos por una breve lectura, ofrecida como un posible tema de reflexión durante el paseo interior.

Caminar un laberinto es a menudo descrito como una "metáfora de la vida", en que no sabemos a quién podemos encontrar a lo largo de nuestro camino, ni qué experiencias podemos disfrutar

Por supuesto, no todos los laberintos son hechos por un facilitador. En lugares públicos donde hay un laberinto, normalmente hay pocas restricciones en términos del tiempo que puedes tomar para tu paseo.

A veces puedes estar solo, y en otros se unirá un grupo. Si caminas solo, sugiero seguir los mismos principios que usualmente se ofrecen como guía por el anfitrión de un paseo facilitado – respetar el silencio y, si lo deseas, lo 'sagrado' del espacio y el laberinto en sí. Esto probablemente significa que si eres un patinador o un skater, deja a un lado tus patines por un corto tiempo. Y si eres adicto a Twitter o los mensajes, pon tu teléfono en silencio puede ayudarle a prestar atención.

Espero que el preámbulo precedente te convenza de que no hay nada que temer al acercarse al laberinto: no hay duda sobre si se 'hace algo incorrecto', o destacar como el recién llegado ignorante que seguramente no dará un paso esencial que sólo conocen los experimentados. Afortunadamente, el laberinto no distingue entre novatos y aquellos que han entrado en su espacio mil veces antes.

Lo mismo puede decirse de los grupos que quieren comenzar una práctica regular. El grupo al que me uní comenzó como una pequeña reunión de dos o tres personas. Programábamos reuniones regulares, con voluntarios y, luego, empacábamos el lienzo recién comprado, y nuestro facilitador de laberinto pasó a ser nuestro anfitrión regular. Lo nuevo, como iniciar cada paseo con una lectura breve, reunirnos en el centro y poner tarjetas con sugerencias de reflexión para los que las querían, llegó luego de una discusión mutua.

Si estás considerando traer un laberinto a tu organización, club o comunidad, te sugiero que contrates la ayuda de un facilitador experimentado por un tiempo, si puede. Además, quizás desees investigar la posibilidad de que un miembro de tu grupo se capacite como facilitador. El entrenamiento es invaluable, ilustra las miles de horas de experiencia de los anfitriones, y minimiza el riesgo de que los recién llegados al laberinto tengan una mala primera experiencia, por falta de facilitación. Veriditas ofrece un programa de formación para facilitadores (los datos de contacto están al final de este libro).

Comprometerse a comprar un laberinto, o instalar uno permanentemente, puede implicar una gran inversión inicialmente. Hay opciones disponibles para evitar altos costos, como pedir prestado un laberinto o crear una versión 'pop-up'. Consideraremos varias opciones de este tipo en el siguiente capítulo.

Si hay fondos disponibles para un laberinto, puede ser aceptable invitar pequeñas contribuciones de aquellos que se benefician de caminar por el laberinto – aunque idealmente se debe hacer de forma voluntaria, y reconociendo las posibilidades de las personas y su voluntad de pagar.

Mi opinión es que las iniciativas de laberintos que buscan fomentar la unión, como mejores relaciones de vecinos y comunidades, pueden mejorar si todos los miembros del grupo sienten que tienen un papel en determinar cómo evoluciona el proyecto.

El ofrecer una breve oportunidad para aquellos que pueden compartir sus reflexiones después de un paseo, además de la oportunidad para conocer a otros al compartir, es un medio eficaz para invitar a la participación. Esto fomenta un mayor propósito social para las reuniones de un grupo al mismo tiempo.

Como con cualquier grupo que pretende ser inclusivo, es importante asegurarnos que los recién llegados se sientan bienvenidos. Aquí es donde el anfitrión puede jugar un papel especialmente importante – ofreciendo una simple presentación y guiando a las nuevas caras. Las presentaciones verbales pueden ser respaldadas con un folleto, ofrecido a los recién llegados para ayudarlos a sentirse cómodos y apreciar cómo funciona normalmente la práctica del laberinto en grupo. Un folleto de ejemplo se puede descargar en el sitio web de *Labyrinth Around America* (www.labyrintharoundamerica.net).

Una consideración adicional al tener un laberinto temporal o permanente, es tomar tiempo para decidir qué diseño parece adecuado para el uso normal del grupo. Los tipos medievales (por ejemplo, Chartres), clásicos y bálticos son los más comunes, pero no hay ninguna restricción al crear un diseño propio.

Algunas consideraciones importantes para el diseño pueden incluir si se pretende que el laberinto se utilice para más de un propósito (por ejemplo, participar en ceremonias ocasionales y ofrecer oportunidades de 'espacio abierto' para caminantes regulares) y evaluar los beneficios de elegir un laberinto 'procesional' sobre uno que involucra a los caminantes por el mismo camino (esto significa que hay una vía de salida separada a la utilizada para llegar al centro desde la entrada).

Otras consideraciones incluirán el tamaño del laberinto que puede ajustarse en relación al espacio disponible, el ancho y la longitud del camino del laberinto (por ejemplo, para considerar las necesidades de los usuarios con sillas de ruedas) y el material utilizado para crearlo.

También se deben considerar los colores utilizados para delimitar la trayectoria del laberinto – las diferentes energías que pueden o no parecer apropiadas y algunas consideraciones prácticas, como la capacidad de ver el contraste entre las líneas pintadas y el camino en sí, pueden ser tomadas en cuenta.

Al instalar un laberinto permanente, normalmente se debe consultar a un diseñador y constructor experimentado como parte del proceso. Los constructores experimentados podrán asesorar en aspectos de la instalación que de otra forma no se apreciarían, como la ubicación apropiada del laberinto, y lo relacionado a la estructura del suelo subyacente y el drenaje (en el caso de proyectos al aire libre). Para aquellos con un interés en la importancia geomántica de una ubicación, también se puede consultar a un geomántico experimentado.

Sin embargo, muchas comunidades han creado laberintos bajo su propio concepto, aprovechando los excelentes materiales impresos y en línea que ofrecen orientación en la construcción y diseño de laberintos (hay una lista al final de este libro).

Creo firmemente que si un pequeño número de personas o una comunidad más grande tiene la voluntad de llevar a cabo un proyecto de laberinto, entonces el grupo encontrará la forma de hacerlo realidad. Como al afirmar que no hay reglas estrictas y rápidas para caminar un laberinto, cada proyecto es único. Cada iniciativa es especial, y el laberinto recompensará siempre a aquellos que toman tiempo para alimentar su visión.

CAPÍTULO 4

¿Qué Sigue en Tu Viaje al Laberinto?

DESPUÉS DEL PRIMER ENCUENTRO con el laberinto, muchas personas se cautivan. Sin embargo, un laberinto en un lugar lejano o como parte de un viaje puede ser inspirador como un evento personal, pero para los que desean hacerlo otra vez, ¿qué opciones hay disponibles?

Encontrando un laberinto

Quizás tienes la suerte de tener un laberinto cerca – uno disponible permanentemente en un parque o plaza de la ciudad, por ejemplo, o una versión portable que se presenta regularmente en una iglesia, jardín o sala comunitaria. Una simple búsqueda en Internet debe ser suficiente para identificar si existen laberintos cerca.

Un excelente recurso en línea que está específicamente diseñado para ayudar a conectar laberintos y personas es The Labyrinth Locator (www.labyrinthlocator.com). Este extenso recurso, patrocinado por The Labyrinth Society y Veriditas, es un directorio de búsqueda de cientos de laberintos en todo el mundo. Con unos simples clics, el sitio web te mostrará todos los laberintos que puedes encontrar en una ubicación determinada.

Hay otros recursos para localizar laberintos disponibles, algunos enumerados al final de este libro.

Hacer o comprar un laberinto

Por supuesto, puedes preferir establecer la creación de un laberinto por tu cuenta, ya sea para uso personal o grupal. Hay muchos laberintos que se han hecho con piedras, cortados en el césped, o pintado.

Los patrones del laberinto báltico, medieval y clásico se pueden dibujar con facilidad con la ayuda de algunos conocimientos y herramientas básicas (como una regla, una cinta métrica y una cuerda). El borde puede ser replicado rápidamente trabajando lo que se conoce como un 'patrón de semilla', un simple plano de líneas y puntos de marcado que se mapea cerca del centro del laberinto. El siguiente diagrama ilustra el proceso para dibujar un laberinto de estilo clásico, a partir de dicho patrón.

Método para dibujar un laberinto clásico

Muchos videos de YouTube, libros y otros materiales describen cómo marcar diferentes diseños en un laberinto. Hay una lista de ejemplos al final de este libro.

Se pueden crear laberintos 'pop-up' – que se colocan y luego se desmontan después de un evento – utilizando una amplia gama de materiales económicos. Cuerdas, cinta para empapelar, velas, y tiza están entre las posibilidades para marcar una trayectoria temporal. Un laberinto en una playa, nieve o el suelo de un campo no cultivado no tiene por qué ser costoso, aunque no sea muy largo.

Los lienzos y el acrílico son materiales muy populares como base para laberintos portables, al ofrecer durabilidad e impermeabilidad. Otros materiales que pueden adaptarse a un uso exterior regular son, por ejemplo, telas UPS, un tipo de material que se utiliza a menudo para banners publicitarios temporales.

Sin embargo, virtualmente, cualquier material puede utilizarse para crear un laberinto para interior que tendrá un uso limitado, especialmente si los caminantes tienen cuidado al respetar el material en el que caminan (por ejemplo, quitándose el calzado antes de pisarlo).

Si no deseas experimentar la creación de un laberinto portable propio, puedes obtener ayuda de los fabricantes de laberintos profesionales (algunos están al final de este libro). Muchos también pueden ayudar a crear obras de arte para diseños distintos de patrones más comunes. Por ejemplo, el trabajo de Lisa Moriarty, creadora del laberinto de *Labyrinth Around America*, incluye ejemplos de laberintos que contienen un motivo de ramas como de árbol, alrededor de un centro en forma de corazón y otros que hacen eco de la forma angular de muchos laberintos de mosaicos romanos, entre otros. Los diseños de otros fabricantes son similarmente variados.

Los proyectos para laberintos en un espacio público, así como en lugares como terrenos universitarios, campus corporativos y casas de descanso, pueden necesitan una instalación más permanente. Dichos proyectos requieren, usualmente, presupuestos más grandes, y contar con la ayuda de un fabricante de laberintos.

Incluso en estos proyectos, los costos pueden minimizarse si los voluntarios están listos para participar en el proyecto. Por ejemplo, un trabajo de amor combinado con la experiencia, ayudó a crear el hermoso laberinto 'Árbol de la Vida' que está protegido por dos robles gigantes en los terrenos de la Iglesia Episcopal Grace en Houston, Texas.

Laberintos portables y laberintos para el hogar

Todo esto puede sonar bien para las personas que tienen el dinero, el tiempo y la razón para hacer o encargar un laberinto, por no hablar del espacio para presentar su nueva creación.

Sin embargo, la mayoría de nosotros no tenemos dichos lujos, y algunos pueden no tener fácil acceso a un laberinto público cerca de sus hogares. Por fortuna, existen opciones para las personas que están en esta situación.

'Caminar' un laberinto de dedos es una posibilidad para las personas que tienen poco espacio o que no pueden caminar un laberinto tradicional, por algún impedimento físico. En este laberinto, el camino es un canal, típicamente tallado en madera, moldeado en cerámica, o elaborado con algún otro material, y se mueve un dedo, opuesto a los pies y las piernas.

Hay laberintos de dedos de diferentes tamaños y pesos disponibles en tiendas en línea y otros sitios. La mayoría están diseñados para colocarse en el regazo o en una pequeña mesa lateral. Su forma delgada hace que sea fácil de almacenar, aunque también puede servir como decoración.

Los laberintos de dedos también tienen un papel importante para permitir que personas que de alguna forma no pueden caminar por un laberinto de tierra compartan esta hermosa experiencia, incluyendo a aquellos que están postrados o son ciegos. Neal Harris, un consejero profesional, creador de laberintos de dedos, y miembro fundador de The Labyrinth Society, ha utilizado laberintos de dedos en terapias por más de veinte años.

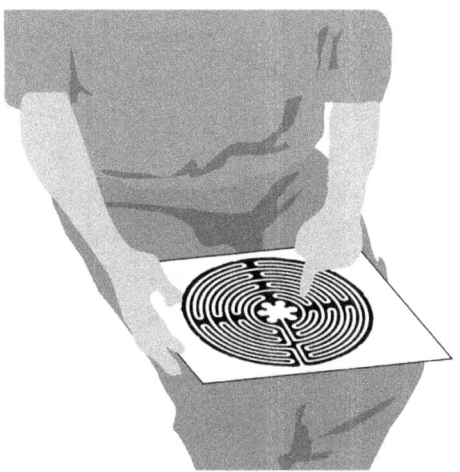

Un laberinto de dedos requiere muy poco espacio para almacenarse y los postrados pueden utilizarlo

El trabajo de Harris lo llevó a ser pionero al crear un doble laberinto, involucrando el uso de ambas manos (o que puede ser utilizado por dos personas), lo que ayuda a equilibrar la actividad de los hemisferios derecho e izquierdo del cerebro. 'Caminar' este tipo de laberintos ha ayudado a sanar a pacientes de derrames cerebrales que han sufrido daños cerebrales, entre otros casos [29].

Los laberintos de dedos tienen, lo que creo, es una ventaja sobre sus similares más grandes – ofrecer a un caminante el poder cerrar sus ojos, si lo desean, lo que para muchas personas puede ser una ayuda para evitar la distracción al meditar.

Un camino dibujado en una hoja de papel puede tener el mismo propósito, por no mencionar uno bordado sobre una tela o alfombra, proyectado sobre una pared (o incluso una piscina, como el caso de un evento especial organizado en la Universidad de Nottingham) o marcado temporalmente en una caja de arena. Los diseños de Lisa Moriarty incluso incluyen un laberinto que fue tallado en una calabaza – ¡tal vez fue una creación especial para Halloween! Realmente no hay ninguna limitación sobre que utilizar para crear un laberinto.

Un laberinto que se representa en un cartel, o que se proyecta sobre una pared puede 'caminarse' no sólo con un dedo, sino también siguiendo su curso con los ojos. Este acercamiento puede ofrecer un medio de conexión con el camino del laberinto para alguien que está paralizado, por no mencionar a cualquier persona que puede encontrar un pequeño espacio de la pared sobre la cual fijar un dibujo de un laberinto.

Para todos nosotros, caminar un laberinto no es sólo mover una parte de nuestro cuerpo, sino que es, como dice Paula D'Arcy, "[caminar] no sólo con los pies, sino con las manos y los corazones y mentes" [30]. Un paseo por el corazón y la mente – los elementos más importantes – requiere involucrar muy poco movimiento físico.

Con tantas oportunidades disponibles para participar en los laberintos, puede haber pocas razones para no convertirse en uno de las millones de personas que ahora los caminan regularmente.

Que los caminos que recorres sean enriquecedores, y que el laberinto te abra más de sus misterios mientras descubres sus muchos dones.

Clive Johnson

Notas y Referencias

[1] en *Labyrinths: Ancient Paths of Wisdom and Peace*, Virginia Westbury, 2001, Aurum Press Ltd, pág. 7.
[2] *Through the Labyrinth: Designs and Meanings over 5000 Years*, Hermann Kern, 1982, Prestel Press, Nueva York, pág. 23.
[3] 'Is That a Fact?', Jeff Saward y Kimberly Lowelle Saward, publicado originalmente en *Caerdroia* 33, 2003, pág.14-28.
[4] Geometría sagrada: dar un significado crítico o simbólico al diseñar patrones universales

encontrados en la naturaleza, formas geométricas, proporciones y alineamientos.

Para el significado de geometría sagrada, Jim Buchanan (*Labyrinths for the Spirit: How to Create Your Own Labyrinths for Meditation and Enlightenment*, 2007, Gaia, pág. 97) sugiere que la numerología cristiana se centra en el diseño del laberinto de Chartres: se divide en cuatro cuadrantes (que representan los cuatro Evangelios y las cuatro etapas de la Misa); caminamos sus once anillos 'en pecado', hasta llegar a su centro, o duodécimo espacio (doce es el número de apóstoles, y el múltiplo de los números que significan Masculino (3) y Femenino (4)).

Sig Lonegren desarrolla un aspecto de este simbolismo, alineando las cuatro etapas de la Misa con los procesos del despertar (plantear la pregunta, '¿cuándo fui consciente de esto?'), el sacrificio ('¿qué tendré que hacer para resolverlo?'), La transubstanciación (el cambio) y la culminación ('¿qué aspecto tendrá cuando haya hecho este cambio?') (Labyrinths: Ancient Myths and Modern Uses, Sig. Longeren, 2007, Gothic Image, pág. 149).

En *Labyrinths, Their Geomancy and Symbolism*, Nigel Pennick (*Labyrinths, Their Geomancy and Symbolism*, Nigel Pennick, 1984, Runestaff pág. 16-17) también comenta la numerología del diseño de los laberintos encontrados en los ambientes cristianos, destacando que lo escrito en estos es "el balance entre hombres y mujeres, entre Cristo y Lucifer, y el simbolismo de la vida del hombre de 'setenta años'".

[5] Hermann Kern, citado en *Labyrinths, Walking Toward the Center*, Gernot Candolini, 2001, Crossroads, pág. 141.

[6] Maia Scott traza la historia de los laberintos italianos en 'The Labyrinth, a Continued Italian Legacy', *The Spirit of Veriditas, Voices From The Labyrinth*, Winter 2009, pág. 10.

[7] El autor Philip Carr-Gomm describe la geomancia (*The Elements of the Druid Tradition*, Philip Carr-Gomm, Element, 1991, pág. 96) como "el arte y la ciencia que determinan la ubicación correcta de los templos, círculos sagrados, tumbas y monumentos según las fuerzas del cielo y de la tierra. Es un conocimiento de lo sagrado de la tierra. Uno de sus principios básicos es que la Tierra tiene corrientes de energía vital que fluyen en líneas, del mismo modo que el cuerpo transporta corrientes de energía sutil, conocidas por los acupunturistas chinos como Ch'i".

[8] Candolini, 2001, *op. cit.*, pág. 51

[9] *Walking a Sacred Path: Rediscovering the Labyrinth as a Spiritual Practice*, Lauren Artress, 2006, Riverhead, Nueva York, pág. 20.

[10] Artress, 2006, *ibid.*, pág. 157.

[11] Candolini, 2001, *op. cit.*, pág. 30.

[12] Westbury, 2001, *op. cit.*, pág. 13.

[13] Candolini, 2001, *op. cit.*, pág. 55.

[14] Véase Longeren, 2007, *op. cit.*

[15] Westbury, 2001, *op. cit.*, pág.14.

[16] Longeren, 2007, *op. cit.*, pág. 3.

[17] Aunque la supervisión exacta de las ondas cerebrales es difícil, se han realizado estudios recientes de patrones de ondas cerebrales cambiando durante el sueño o meditación. Vea, por ejemplo,

http://www.brainworksneurotherapy.com/what-are-brainwaves.

[18] *Walking the Path to Tomorrow Together or Reconciling Inner and Outer Journeys*, Clare Wilson, www.peacesanctuary.org, visitado el 24 de enero de 2017.

[19] *Steps Toward Common Ground, The Labyrinth's Role in Building Beloved Community* (Tesis de Doctorado en Ministerio), Rev. Kathryn A. McLean, Chicago, Illinois, mayo de 2016, pág. 17.

[20] *And by our hands…. The La Falda Labyrinth*, Judith Tripp, http://circleway.com, visitado el 18 de enero de 2017.

[21] 'Labyrinth Prayers for Healing in Myanmar', Jill Geoffrion, *Labyrinth Pathways* (3), julio de 2009, pág. 8-12.

[22] 'Labyrinths, Spirituality & Quality of Life', Bob Gordon, *Labyrinth Pathways* (3), julio de 2009, pág. 13-15.

[23] *Magical Paths: Labyrinths and Mazes in the 21st Century*, Jeff Saward, 2002, Mitchell Beasley (Octopus), Londres pág. 205.

[24] 'Commonly Reported Effects of Labyrinth Walking', John D. Rhodes *Labyrinth Pathways* (2), julio de 2008, pág. 31-37.

[25] Geoffrion, julio de 2009, *op. cit.*, pág. 11.

[26] Labyrinth Pathways (10) septiembre de 2016, The Labyrinth in a Residential Treatment Centre, Charles Gillispie, pág. 26-31.

[27] http://www.sydneylabyrinth.org/about/, visitado el 14 de enero de 2017.

[28] *Breathe, You Are Alive: The Sutra on the Full Awareness of Breathing*, Thich Nhat Hanh, 1992, Rider.

[29] 'Intuipath® Finger labyrinth and Brain Synchrony', entrevista con Neal Harris por Tina Christensen, *Labyrinths Matter Newsletter* (5), mayo de 2016, pág. 2-5.

[30] en Candolini, 2001, *op. cit.* pág. 9.

Bibliografía

La siguiente bibliografía ilustra el amplio alcance de las numerosas y excelentes publicaciones que cualquier persona interesada en profundizar sus conocimientos sobre laberintos puede consultar. Esta lista no está, de ninguna manera, completa.

Labyrinthos ofrece una extensa bibliografía en su sitio web, www.labyrinthos.net/bibliography.html, incluyendo títulos relacionados a áreas de interés especializado..

Canvas Labyrinths Construction Manual por Robert Ferré, 2014, Labyrinth Enterprises
Chartres Cathedral por Malcolm Miller, 1997, 2nd edition, Riverside Book Co
Christian Prayer And Labyrinths: Pathways to Faith, Hope, and Love por Jill Kimberly Hartwell Geoffrion, 2004, Pilgrim Press, Cleveland
The Healing Labyrinth: Finding Your Path to Inner Peace por Helen Raphael Sands, 2001, Barron's Educational Series
Kids on the Path, School Labyrinth Guide por Marge McCarthy, Labyrinth Resource Group http://labyrinthresourcegroup.org/wp-content/uploads/2012/03/kids_on_the_path_part_1.pdf (apoyado por un DVD)

Laberintos: tradición viva (Sapere Aude) de Fernando Segismundo Alonso Garzón, 2014, masonica.es (En español)

Labyrinths: Ancient Myths and Modern Uses por Sig Lonegren, 2015, Gothic Image Publications, Glastonbury

The Labyrinth and the Enneagram, Circling into Prayer por Jill Kimberly Hartwell Geoffrion and Elizabeth Catherine Nagel, 2001, Pilgrim Press, Cleveland

Labyrinth: Landscape of the Soul por Di Williams, 2011, Wild Goose, Glasgow

Labyrinths and Mazes: A Complete Guide to Magical Paths of the World por Jeff Saward, 2003, Lark Books (Sterling), New York, and Gaia Books (Octopus), London

Labyrinth Reflections por Cathy Rigali and Lorraine Villemaire,

http://www.labyrinthreflections.com/order

The Labyrinth Revival: A Personal Account por Robert Ferré, 1996, 2nd edition, Labyrinth Enterprises, LLC

Labyrinths for the Spirit: How to Create Your own Labyrinth for Meditation and Enlightenment por Jim Buchanan, 2006, Sterling Publishing Co., Distributed por Gaia Books, New York

Labyrinths, Walking Toward the Center por Gernot Candolini, 2001, Crossroads, New York

Labyrinth Journeys: 50 States, 51 Stories por Twylla Alexander, 2017, Springhill Publishing, the story of Twylla's labyrinth pilgrimage around the USA

Little Miracles on the Path: 20 Labyrinth Stories Celebrating 20 Years of Veriditas, www.veriditas.org/books

Living the Labyrinth por Jill K.G. Geoffrion, 2000, Pilgrim Press, Cleveland

The Magical Labyrinth por Ruth Weaver, 2013 Preschool - Kindergarten (for children)

Magical Paths: Labyrinths & Mazes in the 21st Century por Jeff Saward 2002, Mitchell Beasley (Octopus), London

The Magic of Labyrinths por Liz Simpson, 2002, Thorsons

The Mysteries of Chartres Cathedral por Louis Charpentier, 1972 Rilko Books, Rye

The Sacred Path Companion: A Guide to Walking the Labyrinth to Heal and Transform por Lauren Artress, 2006, Riverhead, New York

Steps Along an Unfolding Path: A Journey through Life and Labyrinths por Lars Howlett, 2011, Biomorphic.org

Through the Labyrinth: Designs and Meanings over 5000 Years por Hermann Kern, 1982, Prestel Press, New York

Walking a Sacred Path: Rediscovering the Labyrinth as a Spiritual Practice por Lauren Artress, 2006, Riverhead, New York

The Way of the Labyrinth: A Powerful Meditation for Everyday Life por Helen Curry, 2000, Penguin Books, New York

Way of the Winding Path: A Map for the Labyrinth of Life por M. A. Eve Eschner Hogan, 2003, White Cloud Press

Working with the Labyrinth por Ruth Sewell, Jan Sellers & Di Williams, 2013, Wild Goose Publications

Publicaciones

Caerdroia. The Journal of Mazes and Labyrinths. Investigación relacionada al estudio de los laberintos, publicada anualmente. http://www.labyrinthos.net/caerdroia.html

Labyrinths Matter Newsletter de la Australian Labyrinth Network.

Labyrinth Network North West Newsletter www.labyrinthnetworknorthwest.org/newsletters/2010/100423_LNN_Newsletter.pdf

Labyrinth Pathways. publicado anualmente por Labyrinthos (disponible para los miembros de Labyrinth Society). www.labyrinthos.net

Little Miracles on the Path. Historias mensuales inspiradas en experiencias con laberintos, producido por Linda Mikel. www.veriditas.org

The Labyrinth Journal. (copias disponibles hasta Invierno de 2012) www.veriditas.org/journal

TLS Members e-Newsletter. Boletín trimestral para miembros de The Labyrinth Society.

DVD's

Rediscovering the Labyrinth: A Walking Meditation with Lauren Artress, Grace Cathedral, San Francisco

Labyrinths For Our Time: Places of Refuge in a Hectic World, The Labyrinth Society

Pathway to Change: Jail Labyrinth Project por Lorraine Villemaire y Cathy Rigali

The Troy Ride - A Labyrinth for Horses por Cordelia Rose & Ben Nicholson (otros DVD's que contemplan caballos, sanación y laberintos están disponibles en Whitewater Mesa Labyrinths www.wmlabyrinths.com).

Clive Johnson

La Guía de Recursos del Laberinto

Sociedades, organizaciones de membresías y centros para el estudio de laberintos

The Labyrinth Society. Organización mundial, cuyos miembros incluyen fabricantes de laberintos, facilitadores de laberintos, y cualquier persona con interés por los laberintos. Los miembros también tienen acceso a un archivo de artículos de revistas y pueden disfrutar de un intercambio de opiniones sobre todo lo relacionado a los laberintos a través del grupo en Facebook. www.labyrinthsociety.org

Veriditas. Proporciona capacitación y acreditación para facilitadores de laberintos. Promueve las mejores prácticas para ser anfitrión de un laberinto y promueve los beneficios de caminar un laberinto. www.veriditas.org

Labyrinthos. Organismo de investigación y centro de información sobre la historia, propósito y aplicación de laberintos. Publica la revista anual *Labyrinth Pathways* (también disponible para los miembros de Labyrinth Society). www.labyrinthos.net

The Labyrinth Coalition. Recursos, redes y coordinación eventos, centrándose en el Medio Oeste de los Estados Unidos. www.labyrinths.org

The Labyrinth Guild of New England. Comunidad de Nueva Inglaterra de aficionados, facilitadores y organizadores de eventos de laberintos.
www.labyrinthguild.org
Labyrinth Link Australia.
www.labyrinthlinkaustralia.org

Labyrinth Network Northwest (para el Noroeste del Pacífico). www.labyrinthnetworknorthwest.org

Foros en línea, blogs, y redes sociales

https://www.facebook.com/labyrintharoundamerica/ Página en Facebook de Labyrinth Around America.

www.facebook.com/veriditas.labyrinth

www.facebook.com/LabyrinthosUK

www.facebook.com/labyrinthwellnessllc

www.facebook.com/Labyrinthing

www.facebook.com/Labyrinthireland-156708794360950

https://labyrintharoundamerica.wordpress.com/ Blog de Labyrinth Around America.

www.blogmymaze.wordpress.com

https://guerrillalabyrinths.wordpress.com/labyrinth-blog

http://labyrinthos.blog/

http://labyrinthyoga.com/blog

https://www.instagram.com/thelabyrinthsociety/

https://twitter.com/LabyrinthSoc

https://twitter.com/labyrinthwisdom

https://www.linkedin.com/in/veriditas-inc-8157019a

Localizadores de laberintos

www.labyrinthlocator.com. The World-Wide Labyrinth Locator. Herramienta de búsqueda en línea para localizar laberintos. Patrocinado por The Labyrinth Society y Veriditas, Inc. a través de una generosa donación de la Faith, Hope and Love Foundation. Con investigación y administración de Jeff Saward, una autoridad líder en la historia y el desarrollo de laberintos y laberintos, editor fundador de *Caerdroia – the Journal of Mazes and Labyrinths*, y co-fundador y director de Labyrinthos.

www.labyrinths.org. El directorio de laberintos de The Labyrinth Coalition.

www.labyrinthlinkaustralia.org/labyrinth_directory.htm. Un mapa interactivo de los laberintos en Australia.

www.labyrinthnetworknorthwest.org/. (Noroeste del Pacífico)

www.paxworks.com/labguy/hospitallinks.html.
Enlaces a laberintos en hospitales.

Contratación de facilitadores y laberintos

www.veriditas.org/. Directorio 'Encuentra un Facilitador' de Veriditas. Búsqueda avanzada para encontrar un facilitador entrenado por Veriditas.

www.labyrinths.org/lablocators.html. Directorio de facilitadores de The Labyrinth Coalition.

www.labyrinthguild.org. (área de Boston, MA)

Fabricantes de laberintos portables

Nota: La mayoría de los proveedores de esta y las siguientes secciones envían/ofrecen productos y servicios en todo el mundo.

www.discoverlabyrinths.com. Discover Labyrinths LLC (EE.UU.)

www.labyrinthbuilders.co.uk. The Labyrinth Builders (RU)

www.labyrinthcompany.com. The Labyrinth Company (EE.UU.)

www.labyrinth-enterprises.com. Labyrinth Enterprises, LLC (EE.UU.)

www.pathsofpeace.com. Paths of Peace, el fabricante del laberinto para Labyrinth Around America. (EE.UU.)

www.paxworks.com. Paxworks (EE.UU.)

www.robinmcgauley.com. Robin McGauley (Canadá)

www.veriditas.org/canvaslabyrinth. Veriditas (EE.UU.)

Fabricantes y asesores de laberintos permanentes

www.labyrinthbuilders.co.uk. The Labyrinth Builders (RU)

www.labyrinthcompany.com. The Labyrinth Company (EE.UU.)

www.labyrinthireland.com. Diseño, asesoría, facilitación y talleres (Irlanda)

http://www.labyrinthos.net/construction.html/. Labyrinthos. Diseño, asesoría, publicaciones y tours. (RU/Europa)

www.labyrinths.com.au/. Mark Healy Labyrinths (Australia)

www.labyrinthsinstone.com. Labyrinths In Stone (EE.UU.)

www.veriditas.org/construction. Veriditas (EE.UU.)

Proveedores de laberintos 'Pop-up'

www.discoverlabyrinths.com/. Discover Labyrinths. Construcción rápida y fácil de laberintos para comunidades y otros eventos, por Lars Howlett. (EE.UU.)

www.labyrinthsociety.org/make-a-labyrinth. Instrucciones sobre cómo Hacer un Laberinto de The Labyrinth Society.

The Sand Labyrinth Kit por Lauren Artress, 2002, Tuttle Publications. Incluye un libro, dos plantillas, y una bolsa de arena. www.veriditas.org

www.asacredjourney.net/2015/11/make-your-own-labyrinth. *Journey Book Club*, artículo que describe tres maneras de hacer su propio laberinto.

www.centerforfaithandhealth.org/resources. Center for Faith and Hope. Ofrece ayuda sobre cómo hacer su propio laberinto.

Asesores de geomancia

www.bouldermasterbuilders.com. BoulderMasterBuilders / Dominique Susani, geomántico aclamado internacionalmente y constructor de laberintos. (Francia y el mundo)

www.landandspirit.net. Land and Spirit (RU)

www.markopogacnik.com. Marko Pogacnik, geomántico aclamado internacionalmente y UNESCO Artist for Peace. (Eslovenia y el mundo)

www.richardfeatheranderson.com/American_School_of_Geomancy.html. American School of Geomancy (EE.UU.)

Proveedores de laberintos para dedos

www.dasfingerlabyrinth.com/kaufen-2. Das Fingerlabyrinth (Alemania)

www.dmhstudio.com. DMH Studio. (También ofrece orientación sobre cómo hacer un laberinto de dedos) (EE.UU.)

www.escapepathllc.com. E.S.C.A.P.E. PATH (EE.UU.)

https://goo.gl/bUpvoE. Veriditas Chartres Labyrinth (EE.UU.)

www.harmonylabyrinths.com. Harmony Labyrinths (EE.UU.)

www.ispiritual.com. iSpiritual.com (EE.UU.)

www.labyrinths.com.au/. Mark Healy Labyrinths (Australia)

www.labyrinthshop.com. The Labyrinth Shop (EE.UU.)

www.mindfulsoulutions.ca. Mindful Soulutions (Canadá)

www.mountainvalleycenter.com/labyrinth-gifts.php. Mountain Valley Centre (EE.UU.)

www.pathsofpeace.com. Paths of Peace (EE.UU.)

www.paxworks.com/. Paxworks (EE.UU.)

www.pilgrimpaths.co.uk. Pilgrim Paths Ltd (UK)

www.qdimensions.com.au. QDimensions (Australia)

www.relax4life.com/index.html. Relax4Life (EE.UU.)

www.robinmcgauley.com/. Robin McGauley (Canadá)

Capacitación para facilitadores

www.veriditas.org. Veriditas, el principal organismo de acreditación para facilitadores de laberinto (EE.UU. y el mundo)

www.labyrinthjourney.com/index.asp. LabyrinthJourney (EE.UU.)

Museos de laberintos

www.butterflyzoo.co.uk. Puzzle Maze, Symonds Yat, Herefordshire, RU. Un pequeño museo sobre la historia de los laberintos.

Tarjetas de laberintos

www.helenwilltheartofhealing.com. The Art of Healing (Canadá). Cubiertas de tarjetas maravillosamente dibujadas para usarse al meditar.

www.labyrinthwisdom.com. Labyrinth Wisdom Cards (Irlanda). Ofrece 48 cartas y un manual, ilustrando laberintos y planteando preguntas para la reflexión.

Recursos para descargar

https://zdi1.zd-cms.com/cms/res/files/382/labyrinth_proposal_te

mplate-1.pdf. Plantilla de Propuesta para un proyecto de laberinto comunitario o institucional. (The Labyrinth Society)

https://zdi1.zd-cms.com/cms/res/files/382/ChartresLabyrinth.pdf. Dibujo del Laberinto de Chartres.

TO BE PRODUCED!!!. Labyrinth Around America. Folleto sobre laberintos. (Disponible en inglés y español)

www.centerforfaithandhealth.org/resources. Center for Faith and Hope. Plantillas para crear laberintos de papel.

Otros recursos útiles para conocer más sobre los laberintos

www.art.tfl.gov.uk/labyrinth. Un fascinante estudio de una importante obra de arte para el sistema de metro de Londres por Mark Wallinger, que implicó la instalación de obras de arte de laberintos en cada una de las 270 estaciones.

www.cathedrale-chartres.org/en/,251.html. Laberinto de la Catedral de Chartres, Chartres, Francia

www.centennialparklands.com.au. Laberinto del Sídney Centennial Park, Sídney, Australia

www.gracecathedral.org/labyrinth. Catedral Grace, San Francisco

www.graceinhouston.org/visiting-joining/tree-of-life-labyrinth. Laberinto 'Árbol de la Vida', Iglesia Episcopal Grace, Houston, Texas

www.labyrintharoundamerica.net. Labyrinth Around America. Hogar del proyecto del mismo nombre para llevar un laberinto alrededor de los estados fronterizos de Estados Unidos. Creado y mantenido por Clive Johnson, autor de este libro. Con una página de Facebook, https://www.facebook.com/labyrintharoundamerica/, y un blog, https://labyrintharoundamerica.wordpress.com/

www.labyrinthos.net. Labyrinthos. Ofrece una amplia gama de información sobre la historia y los misterios de los laberintos, incluyendo una extensa bibliografía y guías de laberintos en varios países.

www.labyrinths.org/resources/worldpeacelabyrinth05.pdf. World Peace Labyrinth

https://labyrinthsociety.org/tls-365-experience. *The 365 Experience* **ofrece experiencias diarias en la página de Facebook y el sitio web de The Labyrinth Society** para que cualquier persona las considere, contemple y use, con contribuciones de los miembros de TLS (no es necesario tener acceso a un laberinto propio para participar).

www.labyrinthsociety.org/labyrinths-in-places. Labyrinths in Places ofrece una amplia gama de recursos y guía para individuos o grupos que consideran introducir laberintos en diferentes contextos (incluyendo escuelas, iglesias, prisiones, sesiones de consejería, retiros, parques públicos y universidades).

www.lessons4living.com/labyrinth.htm. Recursos generales.

www.reconciliationlabyrinth.withtank.com. The Reconciliation Labyrinth, Sudáfrica

www.ssqie.com/. Sacred Sites Quest. Brinda a los estudiantes exposiciones a varias culturas, a menudo involucrando proyectos de laberintos comunitarios. Vea también el sitio web de Reginald Adams www.reginaldadams.com/.

Vídeos de YouTube

www.youtube.com/channel/UCvlZ0FybLM_mqhoHlT1Nqow. El canal de YouTube de The Labyrinth Society, incluye vídeos de varios temas, como usos de laberintos en iglesias (www.youtube.com/watch?v=6wB19SPNBQg), prisiones (www.youtube.com/watch?v=W2uBjA4za-I), y escuelas (www.youtube.com/watch?v=hkbtv2QR3IA).

www.youtube.com/watch?v=o7u80ZLEh3M *Labyrinth History & Walking* por The Labyrinth Society

www.youtube.com/watch?v=shpJpL9SKXM *Labyrinth - A Walking Meditation* por Tori Fiore Film Projects

www.youtube.com/watch?v=WJ6J2Haktdc *Walking Meditation: Grace Cathedral Labyrinth* por Kirsten Johnson

www.labyrinthsociety.org/labyrinth-types. *Labyrinth Types - A Guide to the Many Kinds of Labyrinths Found all over the World* por The Labyrinth Society https://www.youtube.com/watch?v=SX_orvEelak. *Leaf Labyrinth* por Discover Labyrinths. Stephen Shibley y Lars Howlett muestran cómo hacer un laberinto usando hojas que caen de los árboles.

www.youtube.com/watch?v=f9rt39ieP5E. *Lauren Artress on the Labyrinth* por Bob Hughes

www.youtube.com/watch?v=i33t89tnGfU. *Creating a Masking Tape Labyrinth* por Warren Lynn

www.youtube.com/watch?v=7TjEo6y1_eY. *Finger Walking the Chartres Labyrinth Board*

www.youtube.com/watch?v=jXluF1x1sbo. *Healing powers of Labyrinths explained and experienced* por Lilou Mace

www.youtube.com/watch?v=I4jyt8KJyYw. *A Bit of Labyrinth History* por Guideposts

www.youtube.com/watch?v=hkbtv2QR3IA. *Labyrinths and Schools* por The Labyrinth Society

www.youtube.com/watch?v=DgYTwmgGsJc. *Labyrinth Locations* por The Labyrinth Society

www.youtube.com/watch?v=1aMAuekhi_A. *The Search for Meaning in the Labyrinth of Life - Lauren Artress and Phil Cousineau* por VeriditasWebVideos

www.youtube.com/watch?v=ik1TdDNKfE8. *Sacred Sites Quest Ecuador 2017: Promotional video* por Reginald Adams

www.youtube.com/watch?v=_GE-UBdXbrg *How to Make your own Plaster Finger Labyrinth* por Lise Lotz

Podcasts

www.labyrinthsociety.org/media/categories/1708-podcasts. Podcasts de The Labyrinth Society.

www.abc.net.au/local/stories/2015/10/08/4326896.htm. Entrevista con Jo Cook, fundador del grupo Tasmanian Recovery From Eating Disorders. El encuentro de Jo con el laberinto la ayudó a superar un trastorno alimentario.

www.abc.net.au/radionational/programs/breakfast/the-labyrinth/2992930. ABC Radio National *RN Breakfast* entrevista con la Rev. Dr Lauren Artress.

www.abc.net.au/radionational/programs/spiritofthings/ladies--of-the--labyrinth/6127862. *The Spirit of Things*, 'Ladies of the labyrinth'. Inspiradora entrevista de ABC Radio National con Lauren Artress y Emily Simpson, cuya visión y compromiso condujeron a la creación del laberinto del Sydney Centennial Park.

www.bestofbcb.org/out-002-landscape-artist-describes-his-labyrinth-in-serene-park/. Entrevista de Bainbridge Community Broadcasting con Jeffrey Bales, creador de un laberinto de piedra para comunidades.

www.labyrintharoundamerica.com/LaACJph.mp3. Clive Johnson habla de la inspiración y propósito de la iniciativa Labyrinth Around America.

http://www.onbeing.org/program/the-science-of-healing-places/4856. *On Being with Krista Tippett*, 'Esther Sternberg – The Science of Healing Places'. Incluye reflexiones sobre los beneficios de los laberintos como espacios sanadores.

Clive Johnson

AGRADECIMIENTOS

Agradezco a todos los maestros, seguidores y compañeros caminantes que me han ayudado en mi viaje en el laberinto; a TJ, quien se sentó a mi lado pacientemente en la mayor parte de mi escritura; a Monica Douglas-Clark por su excelente proofreading; y al Gran Divino – El Creador y Guardián de los misterios de los laberintos.

ACERCA DEL AUTOR

Clive Johnson es un facilitador de laberinto capacitado por Veriditas, ministro interreligioso y aficionado a los laberintos. Este es su octavo libro.

www.clivejohnson.info
www.clivejohnsonministry.com
www.labyrintharoundamerica.net

TAMBIÉN, POR CLIVE JOHNSON:

Picturing God: How to conceive and relate to the Divine (An Anthology)
Fairy Stories & Fairy Stories: Traditional tales for children, Contemporary tales for adults
Arabian Nights & Arabian Nights: Traditional tales from a thousand and one nights, Contemporary tales for adults
The Complete Guide to Visioning: How to discover, shape and realize your vision

Próximamente:

Modern Spirituality for the Non-religious
Ceremonies for One
Interfaith: The Essential Beginners' Guide

www.ingramcontent.com/pod-product-compliance
Lightning Source LLC
Chambersburg PA
CBHW070542300426
44113CB00011B/1761